全面深入地解析供应链管理和运营过程，
增加了非线性科学的实用价值 。

U0828885

双渠道行为供应链系统价格决策
博弈模型及其复杂性研究

李秋香◎著

Research on Price Game Model and Complexity
of
Dual-Channel Behavior Supply Chain System

中国经济出版社
CHINA ECONOMIC PUBLISHING HOUSE
·北 京·

图书在版编目（CIP）数据

双渠道行为供应链系统价格决策博弈模型及其复杂性研究/李秋香著.
—北京：中国经济出版社，2019.10
ISBN 978-7-5136-5731-0
Ⅰ.①双… Ⅱ.①李… Ⅲ.①工业产品—价格策略—研究 Ⅳ.①F405
中国版本图书馆 CIP 数据核字（2019）第 116090 号

组稿编辑　崔姜薇
责任编辑　夏军城
责任印制　马小宾
封面设计　任燕飞

出版发行　中国经济出版社
印 刷 者　北京九州迅驰传媒文化有限公司
经 销 者　各地新华书店
开　　本　710mm×1000mm　1/16
印　　张　12.5
字　　数　171 千字
版　　次　2019 年 10 月第 1 版
印　　次　2019 年 10 月第 1 次
定　　价　58.00 元
广告经营许可证　京西工商广字第 8179 号

中国经济出版社 **网址** www.economyph.com **社址** 北京市东城区安定门外大街 58 号 **邮编** 100011
本版图书如存在印装质量问题，请与本社销售中心联系调换（联系电话：010-57512564）

序言 Preface

信息技术和互联网的快速发展极大地促进了网络消费渠道的兴起，“传统销售渠道+网络销售渠道”成为现今消费者的主流消费模式。双渠道成为电子商务发展的趋势。在双渠道供应链中，市场竞争者之间为了抢占市场份额，实现利润最大化，供应链参与者之间的价格竞争变得更加激烈。供应链是一个巨大开放的动力系统，外界因素会对供应链的稳定性及运营产生显著影响。本书以中国制造业为背景，基于双渠道供应链环境，考虑决策者的行为因素，运用管理学、博弈论、混沌理论，根据现实竞争模型，建立了制造业市场双渠道供应链离散动力系统，构建供应链系统决策者的价格博弈模型并进行数值仿真，研究竞争者的长期动态博弈行为及复杂性特征，全面梳理供应链管理和运营的过程，多角度剖析了制造业产品竞争中的许多重要问题。本书主要完成了以下工作：

（1）建立了双寡头零售商的动态价格博弈模型。为了使模型更加贴近现实，假设双寡头均为有限理性，并具有公平关切行为和不同的商业经营目标。运用博弈论和混沌理论对价格博弈模型进行数学分析和数值仿真，深入研究了双渠道供应链模型系统的复杂性特征。另外，将寡头零售商的平均利润和利润作为供应链绩效的考核指标，讨论了不同公平关切水平和价格调整速度下，寡头零售商的利润和平均利润变化情况；运用参数适应法对系统混沌进行了很好地控制，最后给出相关结论和启示。

（2）建立了制造商和零售商之间的价格 Stackelberg 动态博弈模型。假设制造商均为有限理性且存在公平关切行为；另外，制造商具有利润和市场份额两个商业经营目标。在此基础上构建了离散的供应链动力系统，分析了系统中 Nash 均衡点的稳定性，研究了制造商和零售商的长期动态行为和系统的复杂性态。用三维网格图展示了不同参数值组合下制造商和零售商的利润及平均利润的变化情况。运用变量反馈控制法对系统混沌进行了有效地控制，并给出了供应链系统竞争的相关结论和启示。

（3）考虑制造商具有不同商业目标和公平关切行为，零售商具有公平关切行为的动态价格博弈模型，构建了双渠道供应链系统的价格博弈模型。数值模拟了不同参数数值组合条件下的价格动态博弈过程，通过系统稳定域、分岔、李雅普诺夫指数、混沌吸引子等对模型进行了复杂性分析，发现零售商的公平关切行为会使自身稳定域减小；公平关切的水平越高，系统越容易进入混沌状态。同时研究了价格调整速度对零售商利润的影响，结果发现当价格调整速度过大时，系统会进入混沌状态，利润值波动剧烈且平均利润随着价格调整速度的增大而减小。最后选择控制因子对系统混沌进行了控制，该研究对零售商价格决策有一定借鉴意义。

（4）基于公平关切行为下，研究了由一个双渠道制造商和一个传统零售商组成的双渠道供应链。基于制造商将市场份额作为其竞争博弈的目标之一，构建了纳什博弈模型，用复杂性理论方法分析模型的价格动态演化过程，采用自适应调节控制方法来控制系统的混沌状态。结果表明，过高的价格调整速度不仅会损害供应链的稳定性，还会损害供应链的利润。一个高水平的公平关切行为将使零售商快速陷入混乱状态；而一个高水平的公平关切行为将使制造商的价格调整的稳定区域变大。制造商不同的商业目标将导致渠道供应链的竞争加剧。研究结论对决策者的价格决策和供应链运营管理提供决策支持。

（5）考虑消费者对概率产品和概率销售的风险态度，建立了考虑非对称双渠道结构的供应链动态 Stackelberg 博弈模型。基于熵理论和动态理论，利用分岔、熵图、参数图盆、吸引子等，分析和模拟了决策变量和参数对非对称双渠道供应链系统稳定性和熵的影响。结果表明，决策变量和参数对非对称双渠道供应链的稳定性有很大影响。随着系统熵的增加，供应链系统会通过翻转分岔或 Neimark-Sacker 分岔进入混沌状态，从而系统会变得更加复杂，并随着熵的增加而陷入混沌状态。系统的稳定性可以随着产品 a 成为概率产品的概率增加而增强，并随着顾客对概率产品风险偏好的增加和零售商相对议价能力的增强而减弱。使用直销渠道的制造商可能比使用传统销售渠道的制造商获得更多的利润。采用参数调整和反馈控制方法，供应链系统的熵会下降，供应链系统会进入稳定状态。因此，在概率销售实际市场中，制造商和零售商应注意价格的参数和调整速度，确保博弈过程的稳定性和双渠道供应链的有序性。

双渠道和多渠道销售模式的形成使市场竞争更加剧烈，尤其最近几年的“电商大战”，其本质就是围绕价格展开的商业博弈。另外，如何制定合理的价格策略，避免由于激烈的价格竞争使市场陷入无序和低效率是双渠道和多渠道供应链管理需要解决的重要议题。以上内容从价格入手，考虑了市场竞争者的公平关切行为和不同商业经营目标，建立了供应链环境下，双寡头零售商之间、制造商和零售商之间的动态价格博弈模型，分析了动态环境对多渠道和双渠道供应链市场价格竞争的影响。本书对双渠道和多渠道供应链市场健康有序的发展具有较大的指导意义。

目录 Contents

第一章

绪　论

1.1 研究背景及意义

1.1.1 研究背景

信息技术的广泛应用和互联网的快速普及，极大程度上促进了电子商务的发展，并为网络渠道销售提供了技术支持和高效率平台。随着消费者对网络购物的越发青睐，网络消费逐渐成了众多消费者的消费偏好，很多企业也建立网络直销渠道，以此扩大市场占有率，实现自身的商业目标。因此，制造商和零售商的销售模式逐渐由单一的传统销售渠道转向网络直销渠道和传统线下销售渠道并存的双渠道销售模式。

网络直销渠道的建立对消费者的消费方式产生了巨大影响，相关数据显示，2016 年我国零售百强企业实现销售额 4.82 万亿元，同比增长 18.5%；2016 年中国零售百强榜名单中仅有 6 家电商上榜，但其销售额占零售百强整体销售额的 51.2%。

在电子商务背景下，市场趋于多元化，制造商和零售商以及零售商之间的市场竞争加剧，而价格竞争一直是企业间竞争的关键手段，如何很好地制定商业策略是企业关注的重要内容。

近些年，随着社会经济的快速发展，经济系统受到更多因素所制约，如系统的内在不确定性、系统决策者的心理行为、市场竞争者所处的经济和政治环境等；经济系统变得越发复杂，致使运用传统的经济理论无法解释现今经济系统中的复杂现象。众多学者努力寻找能够分析复杂系统的方法，这促进了非线性科学的发展和应用。随着非线性科学的成熟，关于混沌经济系统的相关研究成为热门研究领域之一。混沌理论作为非线性科学的重要组成部分，已经成为研究复杂经济系统的强大工具。

1.1.2 研究意义

1. 理论意义

双渠道建立后，市场竞争者为了抢占市场份额，实现利润最大化等使价格竞争更加激烈。供应链是一个巨大系统，外界因素也会对供应链的稳定性及运营产生显著影响。本书根据现实竞争模型，建立制造市场的双渠道供应链离散动力系统，研究竞争者的长期动态博弈行为及复杂性特征，全面深入地解析供应链管理和运营过程，增加了非线性科学的实用价值，具有较大的理论意义。

2. 现实意义

现今，电子商务的发展已经提高到了国家战略化高度，在众多国家政策中都明确提出要积极发展电子商务，这促进了网络直销渠道的兴起。双渠道和多渠道销售模式的形成使市场竞争更加激烈，最近几年的“电商大战”，其本质就是围绕价格展开的商业博弈。另外，如何制定合理的价格策略，避免由于激烈的价格竞争使市场陷入无序和低效率是双渠道和多渠道供应链管理需要解决的重要议题。本书从价格入手，考虑了市场竞争者的公平关切行为和不同商业经营目标，建立了供应链环境下，双寡头零售商之间、制造商和零售商之间的动态价格博弈模型，分析了动态环境对多渠道和双渠道供应链市场价格竞争的影响。本书对如何维护双渠道和多渠道供应链市场健康有序的发展具有较强的指导意义。

1.2 中国制造业市场的现状与特征——以空调市场为例

进入21世纪，空调行业进入成长期到成熟期的过渡阶段。2000年至2008年，国产品牌凭借渠道及性价比优势，使外资品牌在国内的市场份额逐渐下滑。2005年，外资品牌在高端市场的份额低于50%。同时，国产品牌间的竞争也趋于激烈，市场份额逐渐向格力、美的、海尔集中。2008年金融危机导致需求下降，空调行业利润下降，加速了外资品牌的退出；同时，在政策推动下，2008年“家电下乡”，2009年“节能惠民”和“以旧换新”举措使国产品牌进一步壮大，伴随变频技术等产品升级方面的突破，中国成为全球空调制造与消费第一大国。因此，空调市场竞争者的商业行为，尤其是空调竞争者关注的渠道和价格竞争问题是竞争者关注的焦点，研究该行业双渠道和多渠道供应链的价格竞争问题具有理论和实际意义。

在行业格局上，民族品牌占绝对优势，格力、美的、海尔占据前三强的市场座次，其市场份额从2008年的69.42%稳步提升至2015年的77.36%；2016年由于行业去库存原因，三巨头空调内销份额占比为67.89%，2017年占比为74.2%，有小幅度回升。据国家信息中心数据，2017年我国空调整体内销零售市场规模达5622万台，同比增长28.5%，销售额同比增长30.5%，创下历史最高纪录。

由以上内容可知，三家空调企业占有超过70%的空调市场份额，行业由少数几家企业所控制。因此，中国空调企业属于寡头垄断行业，行业垄断意味着寡头企业对产品的生产数量和价格具有很大的控制权。此外，在同一个博弈周期内，寡头的价格决策会考虑竞争对手的价格策略。如何实现渠道资源合理配置，制定合理的价格策略是空调行业寡头竞争的重要内容。

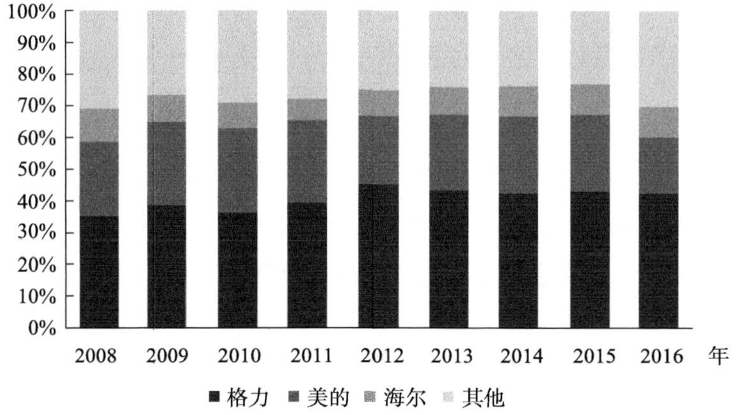

图 1-1　2008—2016 年中国空调内销市场集中度趋势

自 2014 年起，随着移动互联网高速普及，国内零售市场电商化不可阻挡，电商产业链成为最值得关注的成长渠道；尤其在空调产业，销售模式由专卖店和家电连锁转向家电连锁和电商渠道并存的销售模式。另外，格力、美的空调双寡头绝口不提价格战，以旧换新、产品升级上位等。随着空调竞争市场由低端向高端产品转型升级，空调市场需求呈现多元化，以及空调市场双渠道销售模式的成熟，价格战成为该行业的新常态。企业通过价格策略调整、渠道资源整合等手段来扩大市场份额，提高利润从而实现自身的商业经营目标。因此，渠道竞争和价格竞争是空调寡头必须解决的关键问题。

由于格力和美的两家空调企业占据了中国空调内销市场份额的 60%，为了简化模型，避免行文过于复杂，不失一般性，本书以中国空调行业为背景，运用管理学、博弈论、混沌理论等研究多渠道和双渠道供应链环境下空调双寡头的价格博弈模型及其复杂性特征。

1.3 国内外研究现状综述

1.3.1 行为因素对供应链决策影响的研究综述

近些年，许多学者将市场竞争者的心理行为引入供应链中加以研究，如不同商业目标、公平关切和风险偏好等，行为供应链科学迅速发展并成为研究热点领域。

1. 不同的商业目标研究现状综述

众多学者对决策者的商业目标和公平关切行为做了广泛深入研究。先前的研究大多认为企业是完全理性的，其最大的经营目标是利润最大化；但现实中企业不仅关注利润获得，而且关注收入、市场份额甚至满意行为（Nolan 和 Amit，2002；Jansen 等，2007）。尤其在寡头市场中，抢占市场份额成为寡头竞争的重要部分。Cooper 和 Nakanishi（1988）及 Carpenter 和 Cooper（1988）阐述了利润与市场份额的关系，前者指出商业经营者需要关注市场份额指标，其能度量产品的绩效或品牌的市场地位；后者认为一种品牌的市场行为能够影响竞争者的市场份额。David（1993）在众多研究基础上，分析得出：在通常情况下，市场份额对商业盈利有积极影响。Biplab 和 King（1980）比较全面地研究了市场份额、利润和其他商业目标的关系，通过建立数学市场模型的元博弈分析，预测了市场份额、利润及其他商业因素的一系列情景。以上文献研究了市场份额、利润等之间的相互关联；但没有考虑市场份额，不同商业目标等对系统稳定性及利润获得的具体影响。Li 和 Ma（2015）分析了零售商考虑不同商业目标的情况及其复杂性。研究发现企业考虑市场份额会扩大系统的稳定域，但没有考虑公平关切行为。有关市场份额的研究一直受到学者们的关注。Bell 等（1975）研究了市场份额与营销工作之间的关系。他们指出，当一些假设得到满足时，市场份额等于营销努力除以总营销努力。Szymanski（1993）对市场盈利能力进行了元分析，结果表明，市场份额对企业盈利能力有积极影响。Dutta 和 King（1980）同时研究了市场份额、盈利能力和其他业务目标。Li 和 Ma（2015）考虑了制造商和零售商具有有限合理性的不同业务目标的情况，通过分叉理论和仿真理论分析了动态博弈系统表现出的复杂动力学特征。结果表明不同的经营目标和竞争有利于扩大纳什均衡的稳定范围。

2. 公平关切行为研究现状综述

有关行为理论研究发现，现实生活中人们往往对公平表现出极大关注，许多实证或实验研究均证实了公平关切行为倾向的存在。在市场竞争中，决策者存在公平关切倾向，表现出公平关切行为，在公平关切行为下，竞争者有可能在感到不公平时会以己方利益受损为代价采取行动达到惩罚对方的目的（Fehr 和 Schmidt，1999）。Kahneman 等（1986）发现在运营过程中，当改变顾客的购买价格和员工的工资时会出现公平关切行为，进而影响厂商的行为，且组织也像个体一样会出现公平关切行为。Bolton（1991）和 Rabin（1993）等最早以效益差的形式刻画了公平关切的效用形式，其认为正效应和负效应的差异都会造成效用的损失。Loch 等（2008）给出了供应链绩效情景下的公平关切效用形式U_i（π）= $\pi_i+\theta_i\pi_j$。Ho 和 Zhang（2008）将公平关切引入供应链契约研究中，实证研究表明该环境下公平关切的存在性。Cui 等（2007）认为当供应链成员考虑公平关切时，制造商倾向于制定简单的转移价格契约使供应链协调，并介绍和分析了制造商和零售商之间考虑相对利润的公平关切模型。Caliskan（2010）对 Cui 的研究进行了扩展，分析了非线性需求方程下，零售商公平关切下的批发价格契约对供应链协调的影响。杜少甫等（2010）研究了零售商具有公平关切对供应链协调性的影响。通过引入利润参考依赖点建立了零售商考虑绝对利润的公平关切模型。马利军等（2013）研究了幂函数需求下零售商具有公平关切的供应链协调问题，结果发现幂函数需求形式下存在公平关切的供应链成员之间更容易协调。Qu 和 Han（2013）研究了两阶双渠道供应链中制造商具有公平关切行为的最优定价问题。Katok 和 Pavlov（2013）通过实证研究方法分析了不平等规避、有限理性和不完全信息对供应链成员行为的影响。Pavlov 和 Katok（2015）将理论和实证研究相结合研究了公平关切对供应链协调的影响，解释了当公平关切属于私人信息时的低效率问题。孙玉玲等（2015）分析了收益共享契约下供应链成员具有公平关切时鲜活农产品供应链的协调问题。石松等（2016）研究了低碳供应链中制造商公平关切行为对供应链定价策略和利润的影响。Li Qinghua 和 Li Bo（2016）在考虑公平关切的同时，还分析了零售商增加产品服务行为的情景。Zhang 和 Ma（2016）建立了公平关切的双寡头零售商双渠道供应链模型，分析了公平关切对系统稳定性、供应链绩效的影响及系统的复杂性特征。研究结果表明零售商的过度公平关切行为会造成自身和整个供应链利润的损失。周艳菊等（2017）分析了零售商考虑公平关切对低碳供应链最优决策及渠道协调的影响。王玉燕和李璟（2018）研究了制造商主导下的公平关切对 E-闭环供应链的销售价格、回收价格和利润等决策变量的影响。李波等（2017）研究了双渠道供应链中，零售商为竞争主导者，制造商为随从者的公平关切行为对渠道效率和利润的影响，研究发现当零售商的公平关切水平较高时，采取合作广告策略可能会损害自身利润。Ma 等（2017）探讨了零售商考虑销售努力和公平关切对闭环供应链分散决策和集中决策下最优价格和回收率的影响。Zhang 和 Wang（2018）建立了双寡头供应链模型，探讨了寡头的公平关切行为对供应链协调的影响。

Pavlov 和 Kadok（2011）提出了一种基于公平和有限理性的新模型来解释拒绝，对渠道协调的研究做了进一步拓展。Kadok 等（2014）研究了当供应链合作伙伴的公平问题为私人信息时，批发价格的表现。他们发现，当公平意识足够强烈时，批发价格在一定程度上对供应链产生协调作用。Du 等（2010）研究了零售商的公平性问题对供应链协调的影响，通过研究发现零售商表现出的公平性不能改变供应链的协调条件。一些学者还分析了双渠道供应链中的公平性。Zhang 和 Ma（2016）在具有公平关切零售商的双渠道供应链中制定了两种不同的定价政策，研究表明直渠道的价格调整速度对制造商产生不利的影响，但对零售商有利。Li Qinghua 和 Li Bo（2016）研究了零售商存在服务行为的双渠道供应链中存在公平关切情况。结果表明，随着零售商公平关切水平的提高，渠道效率会下降。Wang 等（2017）讨论了考虑公平关切零售商的双渠道供应链协调问题，提出了制造商与零售商之间的 Stackelberg 博弈，指出零售商的公平关切有利于提高自身的效用，但会损害制造商的利润。在双寡头供应链博弈模型中，Zhang 和 Wang（2018）研究了企业横向和纵向公平关注对三方供应链协调的影响。他们发现，一家企业的横向公平关切会对其传统渠道批发价格和需求产生直接影响，而一家企业的纵向公平关切在均衡下会对其在线渠道均衡价格和需求产生直接影响。

在供应链契约环境下，供应商和零售商之间的利益分配会触发公平关切倾向发生作用。Cui 等（2007）探讨了公平关切对二阶供应链协调的影响，发现当供应链成员均存在公平关切时，制造商能够用一个简单的批发价格就能实现供应链最大利润和最大效用的协调。张克勇等（2013）将零售商公平关切行为引入闭环供应链的差别定价策略中，发现公平关切行为是零售商获取闭环供应链系统利润分配的一种有效手段。Pavlov 和 Katok（2015）将公平关切行为看作竞争者的私人信息并用实验论证了公平关切对供应链协调的影响。Li Qinghua 和 Li Bo（2016）分析了零售商增加服务投入的双渠道 Stackelberg 模型，发现供应链绩效随零售商的公平关切水平提高而增加，当零售商同时考虑服务和公平关切时，固定的批发价格不能协调整个供应链。李波等（2015）研究了零售商主导的供应链博弈模型，发现仅制造商具有公平关切行为时，制造商的利润会增加，而零售商利润会减少。Yang 和 Sun（2017）分别考虑了仅有制造商和仅有零售商具有公平关切的情景，发现制造商的公平关切行为会提高批发价格并增加利润，零售商的公平关切行为会降低批发价格并获得更多利润。Niu 等（2017）

研究了渠道权力和公平关切行为对双渠道供应链系统决策的影响，研究发现公平关切行为可以有效地降低供应商进行网上销售的动机。Li 等（2017）研究了由一个制造商和一个传统零售商组成的供应链系统，发现不管制造商是否具有公平关切行为，都无法实现渠道协调。Chen 和 Zhou（2017）研究了三种市场需求模式下零售商公平关切行为倾向对供应链运作的影响，研究表明：公平关切零售商的最优定价随公平关切因子和批发价的增加而增大，最优订货随公平关切因子和批发价的增加而减少。聂腾飞等（2017）构建了基于 Stackelberg 博弈的公平关切供应链模型，分别在批发价契约和回购契约中探讨了供应链的决策和协调问题。张翠华等（2017）在多周期质量惩罚变动情况下，建立了横向和纵向两个层面公平偏好的物流服务供应链质量决策博弈模型，仿真结果表明，公平偏好会对服务供应链的质量决策产生强烈影响。以上文献研究了公平关切行为对供应链价格决策和协调的影响。不同于以上文献，本章以双渠道供应链为研究对象，考虑零售商具有风险规避行为和公平关切行为，对双寡头零售商价格决策模型的演化机理进行研究。

以上文献将公平关切引入单渠道和双渠道供应链中并进行了广泛而深入的探讨，主要体现在供应链价格决策、利润、渠道协调及收益契约等方面，在很大程度上促进了公平关切的理论研究；但很少有学者基于双渠道或多渠道供应链环境，同时考虑竞争者的不同商业目标和公平关切对供应链价格博弈、利润及供应链系统稳定性的影响并进行复杂性分析。

3. 决策者风险态度行为研究综述

决策者的风险态度对供应链的运营决策有很大的影响，相关文献研究了风险规避行为对供应链的最优决策、契约协调和利润分配等方面的影响。决策者考虑风险规避时，标准的回购契约或利润分配契约不能协调供应链（Gan 等，2010）。于春云等（2007）构建了风险规避型供应链的 CVaR 模型，揭示了供应商和零售商的风险规避程度对最优订购量、批发价格及供应链协调的影响。Pang（2008）分析了二级风险规避型供应链收入分享契约下的协调问题。Wu 等（2010）等讨论了制造商的最优决策，并用仿真实验解释了风险规避行为如何影响制造商的决策。Li 和 Zhang（2012）研究了风险规避型双渠道供应链在集中决策和分散决策下的最优价格策略。Li 等（2014）和 Golpira（2017）运用 CVaR 模型测量零售商风险规避水平，前者研究了外生需求依赖价格的易逝品双渠道供应链，后者提出了零售商风险规避的供应链网络设计模型。Amin-Naseri 和 Khojasteh（2015）及 Du 等（2017）研究了零售商风险规避行为的二级供应链 Stackelberg 模型，研究发现，零售商的风险规避水平与制造商批发价格和整个供应链绩效成正比。以上文献主要分析了决策者的风险规避行为对供应链最优决策和协调方面的影响；然而大多数情况下供应链是处于非均衡状态，研究决策者的风险态度如何影响供应链系统动态演化过程更为重要。

1.3.2 概率销售模式研究综述

电子商务的快速发展创造了便捷高效的购物环境，缩短了制造商与消费者的销售距离，丰富了销售模式。2008 年，Fay 和 Xie（2008）提出了概率产品和概率销售概念，这一概念在最近几年获得广泛关注。概率产品不是一个特定的产品，而是一个虚拟产品，由卖家通过一系列产品销售创造。概率销售可以扩大市场范围，降低客户需求的不确定性。Fay 和 Xie（2008）考虑可以通过多种购买选择方式或销售计划对顾客需求的异质性进行区分，并通过两种不同的机制构建一个博弈模型来探究顾客需求的差异性。Anderson 和 Xie（2014）利用不透明的销售机制建立了一个博弈模型来分析产品定价和市场细分的演变过程。Xiao 和 Chen（2015）考虑了潜在客户的选择行为，研究一个在线零售商销售两种相似的产品（A 和 B）和概率产品（A 或 B），使用连续时间、离散状态和动态规划对问题进行建模。Fay 等（2015）考虑概率销售方式如何影响零售商应该销售的产品类型和数量，研究发现采用概率销售模式可以改变零售商销售产品的最佳数量。Dan 等（2014）比较了折价销售方式和概率销售模式，概率销售可以通过降低折扣幅度和库存量来提高利润和库存利用率。Wang 等（2017）研究了退货政策对概率销售模型有效性的影响。Yang 等（2017）利用 Hotelling 模型建立了一个动态演化博弈模型，分析了双寡头零售商的概率销售策略和传统销售策略。Zhang 等（2016）构建了一种新的报童式库存模型，分析了概率销售对库存决策和预期利润的影响。Li 和 Ma（2016）建立了基于市场不完全信息的动态非合作价格 Stackelberg 博弈模型，发现顾客风险规避水平的增加使系统的稳定性域增大，而价格折扣的增加使系统的稳定性域减小。Zhang 等（2018）采用库存替代策略和概率销售策略来解决需求不确定性问题；研究结果表明，当产品相似度相对较低、价格敏感客户较多时，概率销售策略更有利可图。Syam 等（2016）研究展示了与标准委托代理模型相比，更高的销售不确定性会给公司带来收益或损失的情况。Giri 等（2016）在需求不确定情况下开发了集中式模型和分散式模型，发现回购合同未能协调这样的供应链。

以上文献对不同场景下概率销售或不透明销售进行了研究和补充。然而，文献没有研究双渠道供应链环境下的概率销售或不透明销售。

1.3.3 双渠道价格博弈研究综述

双渠道供应链的价格决策以及决策者行为被许多学者研究。Chen 等（2017）在考虑渠道环境可持续性基础上，建立了双渠道供应链的 Stackelberg 博弈模型，证明了在集中式和分散式模型中，渠道环境可持续性水平对定价决策的影响是不同的。Wang 等（2017）基于不同供应链结构和两种渠道定价形式的有效性，建立了双渠道供应链互补产品的四种博弈模型，并对其定价和服务决策进行了研究。针对易腐产品的库存竞争，Li 等（2016）对双渠道绿色供应链的定价策略进行了集中和分散两种情况的研究，并提出了协调双渠道绿色供应链合同。Chen（2015）开发了双渠道供应链模型，评估了价格方案和合作广告机制对双渠道供应链竞争的影响。Xu 等（2018）考虑到强制性碳排放能力的监管，制定了双渠道供应链的协调合同，线上和线下渠道的销售价格都会影响市场需求。Li 等（2018）建立并讨论了考虑客户回报和定价策略的供应链 Stackelberg 博弈模型。Zhou 等（2018）研究了直接零售商渠道和传统零售商渠道下供应中断风险对销售价格的影响。当双渠道供应链分别使用差别定价和非差别定价时，Zhou 等（2018）研究了“搭便车”对制造商和传统零售商的定价或服务策略及利润的影响。Zhang 和 Wang（2018）研究了服务价值对双渠道供应链定价策略的影响，分析了长期价格预测机制下系统的演变。Chen 等（2017）在集中式和分散式模型中建立了 Stackelberg 博弈模型，分析了渠道环境可持续性水平对双渠道供应链定价政策的影响。这些文献研究了双渠道供应链环境下的价格决策以及决策者的行为，分析了不同条件下双渠道供应链模型的最优解。但他们没有考虑到客户的风险态度对系统定价决策的影响。本书将考虑客户对概率产品的风险态度，研究概率产品定价对决策制定和系统稳定性的影响。

1.3.4 混沌理论文献研究综述

1. 混沌理论在博弈论中研究综述

寡头博弈模型与混沌理论相结合的研究是近些年的研究热点，主要围绕以产量为决策变量的古诺模型和以价格为决策变量的伯川德模型以及以上两者形成的混合模型研究。众多学者考虑了博弈者的长期动态行为对模型的影响，在不同的研究背景和假设前提下对寡头博弈模型进行了扩展研究，如将有限理性、不完全信息、需求不确定性等因素纳入模型中。研究发现，模型中参数值的大小会影响模型均衡解的稳定性，系统可能出现混沌现象；同时也会影响寡头的利润等。

Rand（1978）首先发现在 Cournot 模型调整过程中，系统的 Nash 均衡点可能失稳继而出现混沌现象。Puu（1998）研究了双寡头价格博弈的非线性复杂特征。1996 年，他分析了三寡头 Cournot 博弈的调整过程，发现三寡头博弈系统更容易出现混沌现象（Puu，1996）。众多学者基于不同预期决策理论对寡头博弈模型进行了扩展研究。Agiza 和 Elsadany（2003）讨论了一个有限理性预期和一个朴素预期决策下的非线性双寡头古诺模型，发现有限理性寡头的调整速度过大时系统的纳什均衡点会失稳且系统会陷入混沌状态。2004 年，他们研究了不同理性预期下的双寡头离散动态博弈模型，分析了参数值对系统演化的影响以及系统混沌时的李雅普诺夫指数、初始值敏感性、奇异吸引子等复杂性特征（Agiza 和 Elsadany，2004）。姚洪兴和徐峰（2005）将有限理性的动态古诺模型引入广告中，同时考虑了广告成本和生产成本的影响，对模型的演化过程进行分析并给出了系统的纳什均衡点稳定域。研究表明，广告投入量的速度过高会使系统陷入混沌状态。吉伟卓和马军海（2008）建立了基于不同决策规则的三寡头发电市场的产量博弈模型，并对模型进行了数学分析和数值仿真，发现在不同参数组合下系统会出现分岔、混沌等复杂性态。陈芳（2009）基于伯川德模型，研究了有限理性的中国电信市场双寡头和三寡头价格博弈模型，并分析了模型的复杂博弈过程及混沌动力学特征。孙志慧和马军海（2009）建立了双寡头垄断钢铁市场动态重复博弈模型并试图把模型推广到 N 家寡头企业的价格博弈模型中。Zhang 等（2009）建立了有限理性的双寡头伯川德模型，运用混沌理论研究了系统的复杂性特征，如混沌、奇异吸引子等。Dubiel（2010）研究了一个有限理性预期和一个适应性预期的异质双寡头动态伯川德模型，分析了系统的复杂特征，如初始值敏感性、混沌和奇异吸引子并计算了吸引子的分数维。Xin 和 Chen（2011）研究了主从型的伯川德博弈模型，分析了系统的复杂性特征并对系统的混沌进行了控制。

许多学者将延迟策略纳入寡头博弈模型中，探讨了不同情境下，采用延迟策略对系统稳定性的影响。马军海和彭靖（2010）在双寡头和三寡头市场中采用延迟有限理性预期决策建立了相应的动态价格博弈模型，研究了系统的稳定性、混沌等复杂性态，结果表明延迟结构本身不能改善系统的稳定性。Elsadany（2010）构建了一个考虑延迟有限理性策略的双寡头博弈模型，求出模型的纳什均衡点并给出了均衡点的稳定域。分析表明，系统延迟有限理性决策更容易使均衡点稳定。卢亚丽（2012）基于有限理性策略与朴素预期策略构建了双寡头产量博弈模型，并提出了用状态延迟和加权平均相结合的方法对竞争对手的产量进行估计，数值仿真证实当产量调节速度与权重的组合值超出局部稳定性区域时会引起复杂的产量响应。马军海和吴可菲（2013）采用延迟有限理性决策建立了中国啤酒市场的四寡头价格博弈，应用复杂系统理论分析了系统的稳定性、分岔、混沌现象并用延迟反馈方法对系统混沌进行了控制。另外，还有较多学者研究了寡头间 R&D 竞争模型。如胡荣等（2011）利用混沌理论研究了双寡头有限理性决策下的动态 R&D 竞争模型，仿真结果表明过大的 R&D 投入调整速度会导致系统出现倍周期分岔、混沌等复杂的动力学现象。Li 和 Ma（2013）研究了考虑 R&D 投入的三个异质寡头博弈模型，研究指出 R&D 投入的调整速度对系统的状态有很大影响，系统处于混沌时利润会减少。

寡头混合博弈相关研究一直备受关注。Tremblay C. H. 和 Tremblay V. J.（2011）和 Naimzada（2012）重点分析了古诺—伯川德模型中产品的异质程度对系统复杂性的影响。Ma 和 Wang（2013），Wang 和 Ma（2014）分别研究了不同理性预期和延迟有限理性预期下的古诺—伯川德模型的复杂性特征。

以上文献在不同的竞争背景下，运用非线性理论研究了不同预期规则下的寡头博弈模型，讨论了寡头竞争者的长期行为的复杂性特征，更深层次地研究了竞争者的博弈过程，为研究寡头博弈提供了强大的工具并极大地丰富了寡头市场的相关研究。

2. 混沌理论在供应链中应用研究综述

Li 和 Ma（2015）等研究了双渠道零售商的价格博弈模型，分析了零售商考虑延迟策略时系统竞争的复杂性特征。结果表明，延迟策略能够增强系统的稳定性；系统处于混沌状态时，延迟策略能避免供应链中利润的损失。2015 年，他们构建了一个双渠道供应链情景下具有不同经营目标的双寡头零售商价格博弈模型，分析了系统的稳定域并指出商业目标能扩大稳定域，比较了不同系统状态下的平均利润，得出系统处于混沌状态时会造成供应链的利润损失，降低供应链的绩效。同年，他们还研究了双渠道能源供应链中异质竞争者的价格博弈模型，分析了不同系统状态下寡头的平均利润。结果发现系统混沌时，供应链的整体利润会降低，混沌通常会降低供应链的整体绩效。Ma 和 Xie（2016）建立了由一个制造商和一个零售商构成的供应链价格博弈模型，分析了两者在渠道势力对称和不对称情况下系统的利润和复杂性特征。2016 年，Ma 等建立了过度自信下基于制造商—零售商成本分享契约下的广告投资竞争模型，研究了垂直纳什均衡模型和 Stackelberg 模型，并运用混沌理论对模型进行了复杂性分析，结果发现制造商和零售商在系统稳定时的利润比混沌状态高（Ma 等，2016）。Ma 和 Lou（2017）研究了网上直销制造商和双渠道零售商多渠道供应链的动态行为的复杂性；同时分析了供应链中的牛鞭效应，研究表明，系统处于混沌状态时牛鞭效应更加强烈。Wang 等（2017）建立了四维离散的伯川德模型，考虑了技术吸收效率对价格、利润、成本的影响，并对模型系统进行了稳定性分析，最后用反馈控制法对混沌进行了成功控制。Elsadany 和 Awad（2018）探讨了征收企业环境税情形下，双寡头价格和产量博弈模型的区别。数值仿真研究了竞争者长期动态行为，发现博弈过程中纳什均衡会失稳进而出现混沌现象。Askar（2018）考虑了企业实际生产与计划生产之间的区别，建立了有限理性非线性动态模型，研究了系统的稳定性及复杂性特征并对系统混沌进行了有效控制。一些研究者关注的是双渠道供应链模型的动态特性。Rand（1978）发现，随着古诺的调整，纳什平衡可能会失去稳定性，出现混沌动力学特征。Puu（2004）指出，在双寡头模型中可能会出现奇异吸引子，并简要分析了三寡头竞争的稳定性条件。此外，研究了随着寡头数量的增加，系统的平衡问题。Sun 和 Ma（2001）分析了古诺双寡头博弈模型中的分岔和循环吸引子。Li 和 Ma（2014）研究了中国冷轧钢材市场，建立了基于非线性需求函数的伯川德博弈模型。研究发现系统的参数会影响纳什平衡点的稳定性，使系统陷入混沌状态。Ma 和 Wang（2014）考虑了一个具有延迟决策的零售商双渠道供应链的稳定性问题。结果表明，采用价格延迟策略的传统渠道会使系统更加稳定；而在网络渠道中采用价格延迟决策会使系统的稳定性降低。Li 和 Ma（2016）构建了一个产品回收的闭环供应链，发现提高零售商在市场的竞争地位，容易导致系统陷入混沌。Huang 等（2016）建立了三个动态博弈模型，研究了参数对规避风险型制造商的价格稳定性的影响。Li 等（2015）分析了具有异构零售商的能源双渠道供应链模型的动态特征，表明价格调整速度对竞争型供应链的复杂性有明显影响。Matouk 等（2017）建立了一个非线性古诺博弈模型，分析了离散动力系统的稳定性，讨论了 Neimark-Sacker 分岔问题。Wu 和 Fan（2018）在不完全信息和完整信息情况下，研究了动态多人多层次离散古诺和斯坦克尔伯格博弈模型。结果发现，在完全信息条件下，博弈者往往会迅速收敛各自的均衡值；而不完全信息条件则会导致规则性地丧失周期运动或混沌动力学的出现。

3. 熵理论应用研究综述

许多学者研究经济系统和社会系统，发现存在混沌和超混沌行为。系统熵可以表征系统的不稳定性程度，许多学者运用熵理论和非线性理论对供应链管理和经济的熵特性进行了研究。Czyz 和 Hauke（2015）提出，熵是区域分析的一个重要工具。Dai 等（2017）在考虑延迟决策和政府干预的情况下，利用熵理论和非线性动力学理论，分析了参数对连续双渠道闭环供应链模型稳定性的影响。Lou 等（2017）分析了由一个制造商和两个零售商组成的双渠道供应链的熵的复杂性，制造商将销售额作为决策变量，以便在竞争游戏中获得更大的市场份额。Lukaš 和 Hofman（2016）使用经典的香农熵方法讨论运营公司供应商与顾客之间关系的复杂性。Zhou 等（2017）基于风险测度研究了六种熵的性质，发现所有的风险测度都不能满足系统的性质。基于 1987 年和 2008 年的金融危机，Gencay 和 Gradojevic（2017）利用基于熵的风险管理措施，对股票市场动态进行了比较分析，并成功地预测到了总体市场的预期。Gao 等（2015）建立了电能采购决策模型，并对模型的熵特性进行了分析。Zou 等（2015）提出了用熵来分析原油价格动态变化过程。

1.4 研究内容

本书以行为供应链为研究背景，综合运用管理学、博弈论、混沌和系统动力学等理论，研究了双渠道行为供应链系统的动态价格博弈模型及其复杂性特征。多角度、深层次地分析了双渠道行为供应链系统的价格博弈过程、系统均衡点的稳定性、竞争者的利润等。本书的研究对供应链决策者和管理者制定合理的价格策略和供应链管理策略，提高市场竞争效率，促进双渠道行为供应链的健康良好发展具有较大的参考价值（研究框架如图 1-2 所示）。

本书主要内容如下：

第一章介绍了研究的背景和意义、创新点及本书的技术路线。

第二章介绍了博弈论的相关概念、寡头垄断的经典模型和非线性动力学的基本概念，混沌理论在寡头博弈和供应链中的应用研究；同时介绍了混沌系统的相关概念，如分岔、混沌、李雅普诺夫指数、奇异吸引子、初始值敏感性、混沌控制方法等。本部分理论是本书的研究基础。

第三章建立了双寡头市场零售商之间考虑不同商业目标和公平关切的动态价格博弈模型，其中一个零售商采用电子渠道和传统渠道销售产品，一个零售商用传统渠道销售产品。用数学分析方法分析了系统均衡点的稳定域，包括二维稳定域和三维稳定域。数值仿真研究了供应链系统价格的演化过程，不同参数值组合下系统的非线性复杂性态和零售商的二维和三维利润变化情况，深层次地研究了双寡头零售商的长期动态行为对供应链运营和管理的影响，给出相关结论和启示。

第四章基于双渠道供应链环境，构建了一个制造商和一个零售商以价

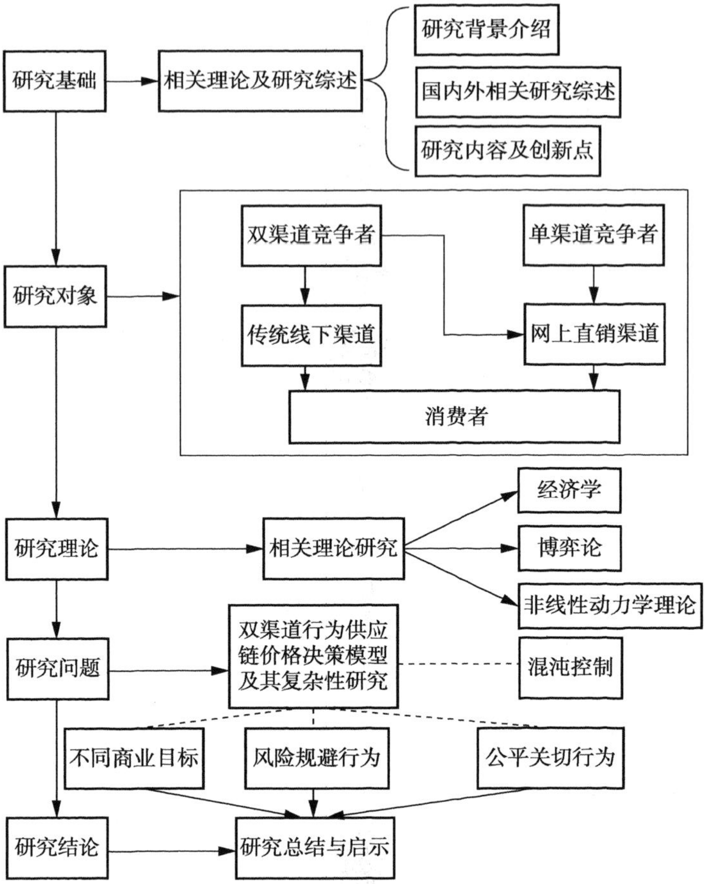

图 1–2　本书研究框架

格为决策变量的 Stackleberg 博弈模型，建立了供应链系统的离散动力系统。重点分析了制造商和零售商的长期动态行为对价格的影响及供应链系统的复杂性特征。将平均利润、利润作为供应链绩效的衡量指标，分析了不同参数值下，制造商和零售商的平均利润和利润的变化情况等，并给出相应结论。

第五章考虑制造商具有不同商业目标和公平关切行为，零售商具有公平关切行为，构建了制造商和零售商之间的动态价格博弈模型，着重分析了基于零售商考虑不同商业目标和公平关切的价格博弈模型的复杂性。数值模拟了不同参数数值组合条件下的价格动态博弈过程，通过系统稳定域、分岔、李雅普诺夫指数、混沌吸引子等对模型进行了复杂性分析，该研究对零售商价格决策有着很好的借鉴意义。

第六章考虑双寡头零售商具有风险规避行为和公平关切行为，构建了竞争型双寡头零售商的双渠道价格动态博弈模型。运用博弈论和非线性动力学理论，研究了参数变化对模型的稳定性及零售商利润的影响。采用自适应调节控制方法来控制系统的混沌状态，为决策者的价格决策和供应链运营管理提供决策支持。

第七章考虑消费者对概率产品和概率销售的风险态度，建立了非对称双渠道结构的供应链动态 Stackelberg 博弈模型。基于熵理论和动态理论，利用分岔、熵图、参数图盆、吸引子等，分析和模拟了决策变量和参数对非对称双渠道供应链系统稳定性和熵的影响。

第八章对全书进行概括总结，分析了研究中存在的一些不足，并对研究前景进行展望。

1.5 创新点

本书的创新主要体现在以下几个方面：

1. 将双渠道行为供应链博弈模型与非线性动力学理论相结合，建立相应的供应链离散动力模型，研究了供应链竞争者的长期动态行为。运用分岔理论、混沌理论，如分岔图、二维分岔图、奇异吸引子、最大李雅普诺夫指数、初始值敏感性等复杂性指标分析了多渠道供应链中的寡头垄断竞争者长期的价格博弈过程和系统动力学特征。

2. 将公平关切行为和不同的商业经营目标引入双渠道行为供应链竞争中，分析公平关切行为和不同的商业经营目标对决策者价格决策的影响，使模型更加贴近现实情况，丰富了公平关切行为理论的应用研究。

3. 给出了双渠道行为供应链系统稳定点的二维稳定域、三维稳定域和市场竞争者利润的三维变化图。研究了制造商和零售商的公平关切行为、不同的商业目标和价格调整速度对系统均衡点稳定性的影响。将平均利润和利润作为供应链的绩效考核指标，分析了系统在稳定、倍周期和混沌状态的利润变化情况。最后运用混沌控制方法对混沌系统进行了有效控制。

1.6 本书的技术路线和研究框架

本书综合运用管理学、经济学、博弈论、非线性动力学等理论和数值分析、计算机仿真等计算实验的分析方法研究双渠道行为供应链的价格博弈及其系统复杂性态。本书既是对一般供应链运营决策的理论研究，也是对具体市场竞争的应用研究。本书依照以下技术路线和研究框架展开，如图 1-3 所示。

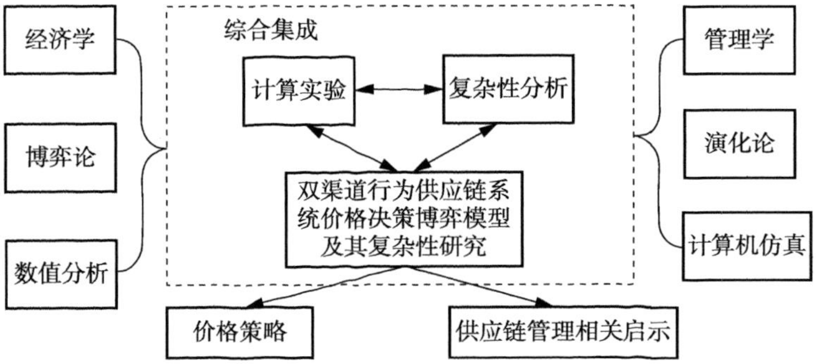

图 1-3　本书的技术路线

第二章

相关理论研究基础

本章主要对相关基础理论进行介绍，包括博弈论基础、寡头垄断模型概述、非线性科学理论基本概念。以上理论是本书进行建模、数学分析和仿真实验的理论基础。

2.1 博弈论基础

2.1.1 博弈理论概述

博弈论，可称为对策论，是研究理性的决策主体之间发生冲突时的决策及保持均衡的理论。

博弈理论主要构成要素

1. 博弈的参加者（players），即在博弈中能够独立决策、独自承担后果的个人或者组织，也称为“博弈方”。

2. 各博弈方可选择的全部策略（strategies）或行为（actions）的集合。即规定每个博弈方在进行决策时，可选择的方法、做法或经济活动的水平、量值等。

3. 博弈的次序（orders）。各博弈方进行博弈时，因为要保证公平合理，通常博弈有先后次序且一个博弈方需要做出多次决策。按照决策者决策的顺序不同，可将博弈分为“主从博弈”和“对等博弈”。

4. 博弈方的得益（payoffs）。对应于各博弈方的每一组可能的决策选择都有一个结果，表示该策略组合下的各博弈方的所得或损失。

2.1.2 纳什均衡

在博弈 $G=\{S_1, \cdots, S_n; U_1, \cdots, U_n\}$ 中，如果由各博弈方的各个策略组成的某个策略组合（S_1^*，…，S_n^*），任意博弈方 i 的策略 S_i^* 都是对其余博弈方策略的组合（S_1^*，…，S_{i-1}^*，S_{i+1}^*，…，S_n^*）的最佳对策，即 U_i（S_1^*，…，S_{i-1}^*，S_i^*，S_{i+1}^*，…，S_n^*）$\geqslant U_i$（S_1^*，…，S_{i-1}^*，S_{ij}^*，S_{i+1}^*，…，S_n^*）对任意 $S_{ij}\in S_i$ 都成立，则称（S_1^*，…，S_n^*）为 G 的一个"纳什均衡"（Nash Equilibrium）。纳什均衡指：当给定其他人选择策略前提下，每个人选择自己的最优策略，把所有局中人选择的最优策略组合起来就构成了纳什均衡。在纳什均衡中，局中人不会单方面改变行为策略。

2.2 寡头垄断模型概述

寡头垄断又称寡占，指市场上有为数不多的几家经营企业，它们之间相互竞争、相互制约，通常在制定竞争决策时会考虑对方的行为策略，从而调整自身竞争策略以占据竞争有利地位，实现利润最大化。寡头垄断是现有经济中常见的市场类型。本小节对常见的三种寡头垄断模型进行简要概述。

2.2.1 古诺模型（Cournot Model）

古诺模型由法国经济学家古诺（A. Cournot）在 1838 年提出，又称为双头垄断模型，寡头把产量作为决策变量，通过控制产量，进而影响和操纵产品价格获取最大利润。古诺模型的一些假设如下：

（1）市场上只有两家企业，彼此之间不存在任何形式的勾结。

（2）两家企业生产同质产品，并以追求利润最大化为目标。

（3）每家企业都视对方的产出水平既定不变，并据此确定自身的产量。

（4）需求曲线为线性，边际成本为常数。

在均衡状态下，寡头们没有调整自身产量的动机，市场的产量处于稳定状态。然而，现实中供应链的企业主体不能完全掌握对方信息，企业主体不是在完全理性的状态下进行决策，企业主体或者竞争者提供的产品不是同质的，这些影响因素会导致古诺模型的结果与现实情况大相径庭。所以，古诺模型有一定的使用范围，现实中的供应链博弈不能用古诺模型进行分析，如现实中多数企业之间通过价格进行博弈，而古诺模型是针对产量进行博弈。为了使模型更加贴近现实情况，很多学者对古诺模型进行了改进。

2.2.2 伯川德模型（Bertrand Model）

伯川德模型由法国经济学家伯川德在1883年提出的寡头垄断模型，与古诺模型最大的区别在于此模型中的决策变量为价格，寡头在博弈周期中进行价格博弈。伯川德模型的前提假设如下：

（1）两家企业生产同质产品，且同时进行价格决策。

（2）企业之间没有任何形式的勾结或串谋行为。

（3）产品的边际成本相同。

在伯川德博弈模型中，由于对企业的生产能力没有限制，即在市场上，消费者对产品的需求总是能得到满足。由于寡头生产的产品是同质的，消费者会选择价格较低的产品。当寡头1的产品价格高于寡头2时，市场上的消费者都会选择购买寡头2的产品，此时寡头2能够实现最大利润，而寡头1的利润为零；反之，若寡头1的价格低于寡头2的价格，则寡头1能够实现利润最大化，而寡头2的利润为零。因此，伯川德模型中各寡头企业的反应函数为

$$p_i(p_j)=\begin{cases} p_j-\varepsilon & p_j>c \\ c & p_j\leqslant c \end{cases} \tag{2-1}$$

由公式（2-1）可知，伯川德博弈过程最后会使 $p=MC$，即企业产品的价格与其边际成本相等。这样寡头企业经过长期博弈后最后利润为零，其博弈结果与寡头竞争的实际情况不一致，而与完全竞争市场情况相同，于是出现了“伯川德悖论”。

解释这个悖论出现的原因主要有以下两种观点：

（1）模型中没有限制厂商的生产能力。如果厂商生产的产品不能满足市场的需求，根据供求理论，产品的价格就会高于其边际成本。

（2）在寡头垄断市场中，厂商销售的产品或提供的服务具有差异性，在满足了消费者多样性需求的基础上，产品的价格一般会高于其边际成本，故寡头存在正的利润。

2.2.3 斯塔克尔伯格模型（Stackelberg Model）

斯塔克尔伯格模型是由德国经济学家 Stackelberg 于 1934 年提出的具有先后决策顺序的博弈模型。该模型假设存在两个不对等势力的寡头，即一个寡头是领导者，另一个寡头是跟随者；跟随者规模较小，生产成本较高且自身的决策成本和风险太高，故它在决策时通常以领导者的决策为依据。两寡头进行博弈时，领导者在预测跟随者策略行为的基础上先进行决策；跟随者根据领导者的决策进而制定符合自身利润最大化的决策。双方博弈不仅具有先后顺序，而且具有完全信息，因此该模型是一个完全且完美信息的动态博弈。在分析斯塔克尔博格模型时常用逆序求解法进行求解。

假设市场需求函数为

$$p=a-bQ\ (Q=q_1+q_2) \tag{2-2}$$

其中，q_1、q_2 分别是领导者和跟随者的产量。

可以得出寡头企业的利润

$$\pi_i=pq_i-cq_i \tag{2-3}$$

跟随者企业的利润如下：

$$\pi_2(q_1,q_2)=[a-b(q_1+q_2)]q_2-c_2q_2 \tag{2-4}$$

对公式（2-4）求 q_2 的一阶导数并等于零，则有

$$q_2^*=\frac{a-q_1-c_2}{2b} \tag{2-5}$$

公式（2-5）为跟随者企业的反应函数。

领导者在考虑跟随者的反应函数基础上确定自身的产量，故领导者的最优产量为

$$q_1^*=\frac{a-2c_1+c_2}{2b} \tag{2-6}$$

假设在 $c_1=c_2$ 的基础上，可以得到双方企业的利润函数

$$\pi_1=\frac{(a-c)^2}{8b} \tag{2-7}$$

$$\pi_2=\frac{(a-c)^2}{16b} \tag{2-8}$$

与古诺模型相比，斯塔克尔博格模型均衡时的产量大于古诺模型，总利润小于古诺模型；但由于领导者具有“先动优势”，其利润获得大于古诺模型中的利润。

2.3 非线性理论基础

系统是由相互关联的客体组织形成的一个有机整体，系统中某个元素的变化都会使系统发生相应的改变。经济系统复杂多变，其本质是非线性系统，如果用传统的经济理论进行分析不能揭示系统运行的规律；而非线性理论在经济系统中的运用可以避免由于线性分析范式的微小误差导致结果的巨大差异。近些年，非线性理论在经济系统中广泛应用并逐渐成为分析经济系统的主要工具之一。

2.3.1 动力系统的基础理论

1. 动力系统

现实中会出现随时间变化而演变的系统，如生物物种繁殖、流体运动、经济系统的发展演变等，上述系统可以用数学模型进行描述为 φ_t：X→X，X 表示与时间 t 有关的各种状态结构形成的集合。同时动力系统可以描述几何空间中的点的变化情况，根据点的运动轨迹可以判断系统所处的状态，如稳定、周期、拟周期状态等。系统中不同的参数值对应不同的系统状态，当系统状态确定时，系统未来的状态依赖于当前状态，即给予一个确定的时间间隔，当前的状态只能演化成未来的一个状态。本书在考虑市场博弈行为的基础上，构建离散的供应链动力系统，研究确定供应链系统中的非线性（不确定）问题，故构建系统的动力方程是研究经济系统复杂性的重要前提。

2. 分岔

动力系统的分岔现象指的是随着某些参数的变化，系统的动态行为发生了质的改变，若系统的控制参数的微小变化会引起系统状态或者结构发生质的变化时就会出现分岔现象。失稳是分岔的前提，是联系平衡点、周期解和混沌的一种机制。分岔主要来源于常微分方程所定义的连续系统的分岔和函数方程的零解随参数变化而产生的分岔。混沌可以通过分岔来实现，常见的分岔有树枝分岔、跨临界分岔、霍普夫分岔和鞍—结分岔。

3. 李雅普诺夫指数

李雅普诺夫指数（Lyapunov Exponent）描述了一个动力系统的初始时刻相邻的两个轨道在迭代或时间演变下相互间距离的指数增长率，它是决定系统是否存在奇异吸引子的一个特征量，其能定量描述奇异吸引子的性质。混沌吸引子具有正的李雅普诺夫指数。

4. 奇异吸引子

在研究耗散系统的运动轨道时，经常会发现一种奇特的非周期运动轨道。简单地说，奇异吸引子就是在相空间的有限区域内，由无穷多个不稳定点组成的一个不可分割的有界点集。主要具有以下几个特征：

（1）对初始条件具有非常敏感的依赖性。在初始时刻，从奇异吸引子上任何两个非常接近的点出发的两条运动轨道，最终会以指数形式相互分离。

（2）功率谱是一个宽谱，系统中存在无穷多个特征频率。

（3）相邻轨道之间的时间关联要衰减到零。

（4）具有多层次自相似的几何维数是非整数的点集。

2.3.2 混沌理论基础

1. 混沌的定义

混沌指在确定的非线性系统中，不需要附加任何随机因素就可以出现类似随机的行为，是一种貌似无规则的运动。

对于混沌的定义至今没有统一描述，下面介绍 Li-Yorke 数学意义下的混沌：

设动力系统（X，f）有一个不可数的子集 $M\subset X$，使得：

（1）f 的周期点的周期无上界。

（2）对每一对点 x，$y\in M$，有极限 $\lim_{n\to\infty} inf d\ (f^n(x), f^n(y))=0$，其中 $d\ (f^n(x)-(y))$ 表示两条轨道的距离，极限为零表示两条轨道可以充分接近。

（3）存在 $\delta>0$，使得对每一点 x，$y\in M$，$x\neq y$，有极限

$$\lim_{n\to\infty} sup d\ (f^n(x)\ -f^n(y))>\delta \tag{2-9}$$

这个极限表示两条轨道不能一直保持距离，经常要分离。

2. 混沌的特征

（1）对初态的敏感依赖性；

（2）确定系统中的内在随机性；

（3）混沌的有界性和遍历性；

（4）无限自相似结构；

（5）具有正的李雅普诺夫指数和连续的功率谱。

2.3.3 系统稳定性判据

系统可以分为连续系统和离散系统，下面各章节中所讨论的双渠道行为供应链的博弈决策都是发生在离散时间周期内，需要借助一定的方法对离散系统稳定性进行判定。离散系统的稳定性判据是根据连续系统的稳定性判据推导出来的，先介绍连续系统的稳定性条件。

1. 连续系统稳定性条件

劳斯稳定性判据主要通过构造 Lyapunov 函数对复杂连续系统的运行轨迹的稳定性进行判断。当特征方程的特征值都为负实部时，连续系统处于稳定状态。但是，对于阶次超过 3 次的复杂系统，很难求出系统的特征值。在这种情况下需要用劳斯（Routh）稳定性判据。

假设系统的特征方程式为

$$a_0\lambda^n+a_1\lambda^{n-1}+\cdots+a_{n-1}\lambda^n+a_n=0 \tag{2-10}$$

其中，$a_0>0$，作 Routh-Hurwitz 行列式

$$\Delta_1=a_1,\ \Delta_2=\begin{vmatrix} a_1 & a_0 \\ a_n & a_2 \end{vmatrix},\ \Delta_n=\begin{vmatrix} a_1 & a_0 & 0 \\ a_n & a_2 & a_1 \\ a_5 & a_4 & a_n \end{vmatrix},\ \cdots,$$

$$
\Delta_n = \begin{vmatrix} a_1 & a_0 & 0 & 0 & 0 & \cdots & 0 \\ a_1 & a_1 & a_1 & a_1 & 0 & \cdots & 0 \\ a_1 & a_1 & a_1 & a_1 & a_1 & \cdots & 0 \\ \cdots & \cdots & \cdots & \cdots & \cdots & \cdots & \cdots \\ a_{2n-1} & a_{2n-2} & a_{2n-3} & a_{2n-4} & a_{2n-5} & \cdots & a_n \end{vmatrix} = a_n \Delta_{n-1}.
$$

当 $i>n$，规定 $a_i=0$，如果 $\Delta_1>0$，$\Delta_2>0$，$\Delta_n>0$，$\cdots$，$\Delta_{n-1}>0$，$\Delta_n>0$ 同时满足，特征方程的一切根的实部为负，则连续系统处于稳定状态。

2. 离散系统稳定性判据

连续系统的劳斯判据是判断系统的特征根是否在左半 s 平面来得到系统的稳定性，而离散系统的特征根的模全部小于 1，即 z 平面的单位圆内，系统是稳定的。因此劳斯判据不能直接用来判断离散系统的稳定性，需要引入一种线性变换完成从 z 域到 s 域的转换，才能将劳斯判据用来判断离散系统的稳定性。朱利（Jury）判据是离散系统稳定性的一个判据，首先计算出系统的特征方程式为

$$
D(\lambda) = a_0 + a_1\lambda + \cdots + a_{n-1}\lambda^{n-1} + a_n\lambda^n = 0 \tag{2-11}
$$

根据特征方程式的系数得到朱利（Jury）表

λ^0	λ^1	λ^2	λ^3	$\cdots$	λ^{n-k}	$\cdots$	λ^{n-1}	λ^n
a_0	a_1	a_2	a_3	$\cdots$	a_{n-k}	$\cdots$	a_{n-1}	a_n
a_n	a_{n-1}	a_{n-2}	a_{n-3}	$\cdots$	a_k	$\cdots$	a_1	a_0
b_0	b_1	b_2	b_3	$\cdots$	b_{n-k}	$\cdots$	b_{n-1}	
b_{n-1}	b_{n-2}	b_{n-3}	b_{n-4}	$\cdots$	b_{k-1}	$\cdots$	b_0	
c_0	c_1	c_2	c_3	$\cdots$	c_{n-2}			
c_{n-2}	c_{n-3}	c_{n-4}	c_{n-5}	$\cdots$	c_0			
$\cdots$	$\cdots$	$\cdots$	$\cdots$					
p_0	p_1	p_2	p_3					
p_3	p_2	p_1	p_0					
q_0	q_1	q_2						

其中，$b_k=\begin{vmatrix} a_0 & a_{n-k} \\ a_n & a_k \end{vmatrix}$，$k=0,\ 1,\ 2,\ \cdots,\ n-1$；

$$c_k=\begin{vmatrix} b_0 & b_{n-1-k} \\ b_{n-1} & b_k \end{vmatrix},\ k=0,\ 1,\ 2,\ \cdots,\ n-2;$$

$$d_k=\begin{vmatrix} c_0 & c_{n-2-k} \\ c_{n-2} & c_k \end{vmatrix},\ k=0,\ 1,\ 2,\ \cdots,\ n-3;$$

$$\cdots$$

$$q_0=\begin{vmatrix} p_0 & p_n \\ p_n & p_0 \end{vmatrix};$$

$$q_1=\begin{vmatrix} p_0 & p_2 \\ p_n & p_1 \end{vmatrix};$$

$$q_2=\begin{vmatrix} p_0 & p_1 \\ p_n & p_2 \end{vmatrix}.$$

通过计算可以求得朱利（Jury）表中的 $2n-3$ 行 $n+1$ 列个元素，则满足下列三个条件时离散系统是稳定的：

（1）$D(1)=D(m)|_{m=1}>0$，

（2）$(-1)^nD(-1)=(-1)D(m)_{m=1}>0$，

（3）$n-1$ 个约束条件：

$|a_0|<a_n$，$|b_0|>|b_{n-1}|$，$|c_0|>|c_{n-2}|$，$\cdots$，$|p_0|>|p_n|$，$|q_0|>|q_2|$.

上面三个条件是离散系统稳定的充分必要条件，任何一条不满足，离散系统就不稳定。本书以下章节中系统的稳定域均是根据朱利（Jury）判据得到。

2.3.4 经济系统混沌控制方法介绍

混沌现象具有确定性、非线性、非常复杂且具有内在随机性的运动轨迹，对初值敏感性使得其运动轨迹不可预测。要根据系统的特点对混沌现象加以控制：①混沌对于系统的运行有害时，可以加以控制；②混沌对于系统运作有利时，创造条件使之产生特定的混沌轨道。对于很多经济管理系统，混沌对系统的运行都是有害的。所以，要根据系统自身的特性采用有效的方法抑制混沌。

目前，对混沌的控制主要通过以下两种方法：①通过对参数的修改来实现对混沌系统的控制；②通过系统状态变量的修改来抑制混沌的发生。OGY 方法是最早被提出用于抑制混沌的发生，Ditto 等（1990）通过实验验证了 OGY 方法的有效性和不足之处。Ott、Grebogi 与 Romeras，Daywansa 在 Ditto、Rouseot 和 Span 的基础上对 OGY 方法做了改进。许多学者相继提出了一系列混沌控制方法，如参数周期扰动法、周期激励法、OPF 控制法、连续反馈控制法、自适应控制法等。

结合本书所使用的对经济系统的混沌控制方法，主要介绍以下三种控制方法。

1. 变量反馈控制法

以离散动力系统为例，设原系统为

$$\begin{cases} q_1(t+1)=f(q_1(t),\ q_2(t)) \\ q_2(t+1)=g(q_1(t),\ q_2(t)) \end{cases} \tag{2-12}$$

加入控制策略后受控系统为

$$\begin{cases} q_1(t+1)=f(q_1(t),\ q_2(t))-kq_1(t) \\ q_2(t+1)=g(q_1(t),\ q_2(t)) \end{cases} \tag{2-13}$$

k 的取值范围较大，为了使系统回到稳定状态，需要适当地选择 k 值。

2. 状态反馈和参数调整控制法

以离散系统为例来分析非线性动力系统的控制过程，系统如公式（2-14）

$$x_{k+1}=f(x_k,\ \mu) \tag{2-14}$$

其中，$x_k \in R^n$，$k \in z$，$\mu \in R$ 是分岔参数。受控系统为

$$x_{k+m}=\alpha f^m(x_k,\ \mu)+(1-\alpha)\ x_k \tag{2-15}$$

其中，$0<\alpha<1$，m 为某个正整数，$f^m(\cdot)$ 是映射 $f(\cdot)$ 的 m 次复合函数。选择适当的控制参数 α 可以控制给定周期轨道的稳定性，镇定混沌吸引子中的不稳定周期轨道。

在这里，考虑 $m=1$ 时系统（2-14）的稳定性控制条件，原系统在不动点处的线性化矩阵为

$$j_1=\left.\frac{\partial f(x_k,\ \mu)}{\partial x_k}\right|_{x_k=x^*} \tag{2-16}$$

不动点 x^* 稳定的条件为：j_1 的所有特征值 $|\lambda_i|<1$，$i=1,\ 2,\ \cdots,\ n$。可以得到 x^* 稳定时分岔参数 μ 的取值范围。

系统（2-15）在 x^* 处的线性化矩阵为

$$j_2=\left.\alpha\frac{\partial f(x_k,\ \mu)}{\partial x_k}+(1-\alpha)\right|_{x_k=x^*} \tag{2-17}$$

由于 j_2 中引入了调节参数 α，只要选择适当的 α 值，就可以确保在失稳的不动点的 μ 值范围内，也可满足 j_2 的所有特征值 $|\lambda_i|<1$，$i=1,\ 2,\ \cdots,\ n$，从而使不动点在更大的参数范围内保持稳定，延迟分岔和混沌现象的发生。

3. 延迟反馈控制法

延迟反馈控制法的主要思想是让特定轨道的输出信号经过延迟时间后再输入到系统中，作为延迟反馈控制的信号。延迟反馈控制的形式为：$F(t)=K[y(t-\tau)-y(t)]=KD(t)$，其中，$\tau$ 为延迟长度，K 为反馈控制因子。通过调节 K 和 $D(t)$ 可以使系统的李雅普指数小于零，达到混沌控制的目的。当 $y(t-\tau)-y(t)=0$，则 $F(t)=0$，不稳定系统轨道变成稳定轨道，而且没有改变系统的均衡解。延迟反馈控制法简单易行，在本书中用来对风险规避型供应链的博弈模型的混沌轨道进行控制，使用非线性控制方法对二维离散混沌系统进行混沌控制。下面考虑一般的离散混沌系统为

$$x_{k+1}=f(x_k)=\begin{bmatrix} f_1(x_1^{(k)}, x_2^{(k)}, \cdots, x_n^{(k)}) \\ f_2(x_1^{(k)}, x_2^{(k)}, \cdots, x_n^{(k)}) \\ \vdots \\ f_n(x_1^{(k)}, x_2^{(k)}, \cdots, x_n^{(k)}) \end{bmatrix} \tag{2-18}$$

状态变量为 $x_k=(x_1^{(k)}, x_2^{(k)}, \cdots, x_n^{(k)})^T \in R^n$，非线性反馈控制为 $u(\varepsilon, x_n)=\varepsilon\prod_{i=1}^{p}(x_n-x_i)$，其中，$\varepsilon$ 为反馈系数，$\{x_i\}$ 为特定的不稳定周期轨道，p 为要控制的轨道数。被控制后的系统为

$$x_{k+1}=f(x_k)=\begin{bmatrix} f_1(x_1^{(k)}, x_2^{(k)}, \cdots, x_n^{(k)})+\varepsilon\prod_{i=1}^{p}(x_n-x_i) \\ f_2(x_1^{(k)}, x_2^{(k)}, \cdots, x_n^{(k)}) \\ \vdots \\ f_n(x_1^{(k)}, x_2^{(k)}, \cdots, x_n^{(k)}) \end{bmatrix} \tag{2-19}$$

调整反馈系数 ε，可以将系统稳定在固定点或其他任意的周期轨道上。

2.4 小结

本章主要首先对博弈的基本理论以及经典的寡头博弈模型进行了论述，其次对非线性动力系统的基础理论（混沌的定义和特征、混沌控制方法）进行了概述。

第三章

双寡头零售商的价格博弈模型研究

近些年，随着信息技术和电子商务的迅速发展、网络直销渠道的兴起，对消费者的消费方式产生了巨大的影响，网上购物越发受到消费者的青睐。数据显示，2016 年我国零售百强企业实现销售额 4.82 万亿元，同比增长 18.5%；2016 年中国零售百强榜名单中仅有 6 家电商上榜，但其销售额占零售百强总销售额的 51.2%。在电子商务环境下，市场趋于多元化，市场竞争激烈。零售商的商业行为在企业决策中具有举足轻重的作用，因而研究零售商的商业行为对市场竞争的影响尤为重要，而设定不同的商业目标，考虑公平关切、风险规避等行为具有理论和现实意义。

众多学者对市场决策者的商业目标和公平关切行为做了广泛深入的研究。先前的研究大多认为企业最大的经营目标是利润最大化，但现实中企业不仅关注利润获得，而且关注销售收入、市场份额甚至顾客满意度；尤其在寡头市场竞争中，抢占市场份额成为寡头竞争的重要部分。Cooper 等（1988）和 Carpenter 等（1988）阐述了利润与市场份额的关系，前者指出商业经营者需要关注市场份额指标，其能度量产品的绩效或品牌的市场地位；后者认为一种品牌的市场行为能够影响竞争者的市场份额。David 等（1993）在众多研究基础上，分析得出通常情况下，市场份额对商业盈利有积极的影响。Dutta 和 King（1980）比较全面地研究了市场份额、利润和其他商业目标的关系，通过建立数学市场模型的元博弈分析，预测了市场份额、利润及其他商业因素的一系列情景。以上文献研究了市场份额、利润等之间的相互关联，但没有考虑市场份额、不同商业目标等对系统稳定性及利润获得的具体影响。Li 和 Ma（2015）分析了寡头零售商考虑不同商业目标的情况并对建立的模型进行了复杂性分析。研究发现，企业考虑市场份额会扩大系统的稳定域，但没有考虑决策者的公平关切行为。

近些年，许多学者将市场参与者的心理行为引入供应链中加以研究，行为供应链的相关研究进展迅速。在市场竞争中，决策者通常会关注公平问题，实施公平关切行为。在公平关切行为下，竞争者有可能在感到不公平时以己方利益受损为代价采取行动达到惩罚对方的目的。Cui 等（2007）认为当供应链成员考虑公平关切时，制造商倾向于制定简单的转移价格契约使供应链协调，并介绍和分析了制造商和零售商之间考虑相对利润的公平关切模型。Pavlov 和 Katok（2011）分别研究了公平关切行为对供应链协调以及公平关切作为私人信息情况下对批发价格决策的影响。更多学者将公平关切行为引入不同供应链领域或加入其他因素综合研究。刘琦铀等（2016）考虑了公平关切时的鲜活农产品供应链收益共享契约问题。刑伟等（2011）分析了双渠道供应链中公平关切对合作伙伴决策的影响。Choi（2016）和 Katok（2013）分别通过实验性研究分析了公平关切对竞争性供应链关系的作用及供应链合同中的公平问题。Hornibrook 等（2009）探究了供应链中公平关切与组织产生的关联。Feng 等（2016）分析了基于私人成本信息的公平关切供应链异常表现。Li 等（2015）研究了双渠道供应链中考虑公平关切的制造商的广告合作问题。许明辉、胡兵（2016）及姚锋敏、滕春贤（2017）等分别分析了公平关切对零售商期权合约的协调作用以及零售商主导的闭环供应链成员决策最优化问题。

以上文献将公平关切行为引入供应链领域，对考虑不同因素影响下的供应链进行了广泛而深入的探讨，主要体现在供应链价格决策和渠道协调等方面。但很少有学者对供应链成员同时考虑不同商业目标和公平关切的情景进行建模并进行动态复杂性研究。

本书将研究由两个零售商组成的寡头市场，构建双寡头动态价格博弈模型并对其均衡点的复杂演化特征进行分析。关于寡头竞争及复杂性分析的研究一直受到学者关注。Rand（1978）指出在 Cournot 模型调整过程中，可能出现 Nash 均衡消失继而出现混沌现象。Puu（1998）发现双寡头 Cournot 模型中会出现混沌吸引子并讨论了三寡头博弈竞争情景。众多学者研究了不同情景下的供应链价格博弈模型的复杂特质。Huang 等（2016）考虑企业社会责任，研究了风险规避型寡头市场的价格演化复杂特征。Huang 等（2014）建立了基于非线性需求方程的 Cournot-Bertrand 混合模型，分析了互补品市场价格竞争的动态复杂性质。以上文献将数学分析和数值仿真结合分析对应的模型，为复杂系统的动态博弈研究提供了很好的方法。

本书考虑零售商具有不同商业目标和公平关切行为，构建寡头动态博弈模型，运用博弈论和非线性动力学理论分析系统的均衡点及稳定性，用数值仿真方法对系统的动态演化过程进行分析；建立系统的控制模型，对市场的混沌行为进行控制。研究结论对具有不同商业目标和公平关切行为的零售商在价格博弈方面具有一定的指导作用。

3.1 问题描述和效用方程的构建

3.1.1 问题描述与模型假设

现实中，市场中的零售商建立了网络直销渠道，以此扩大市场份额，占据有利竞争地位。此外，价格博弈是零售商竞争的重要内容，制定合理的价格策略是零售商实现商业经营目标的关键所在。本章考虑了市场中双寡头零售商（假设为零售商 1 和零售商 2）销售可以相互替代的产品。零售商 1 拥有传统线下销售渠道和网络直销渠道，零售商 2 仅有网络直销渠道。两个零售商在同一市场进行价格竞争，但在一个博弈周期内任何一方都不知道对方的竞争价格策略。由于在一个博弈周期内，市场竞争者受市场复杂因素的影响以及不能得到市场决策的全部信息（如决策者的智商、收集处理信息的能力、经济及环境因素)，故假设零售商均为有限理性和具有不完全信息。零售商 1 具有双重商业目标——利润和市场份额，零售商 2 以利润最大化为经营目标且存在公平关切行为。

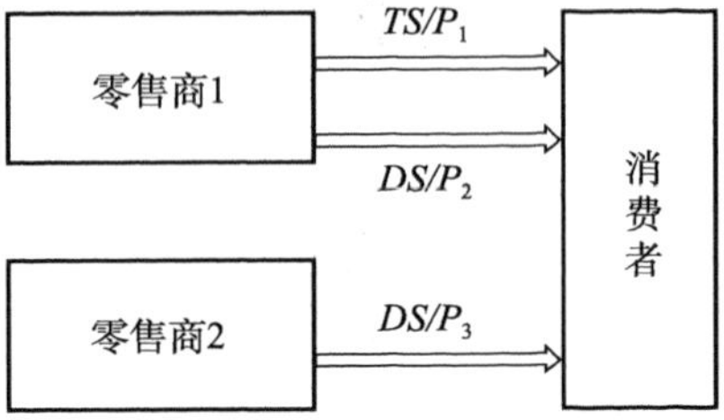

图 3-1 供应链系统

其中 TS、DS 分别表示传统线下销售渠道和网络直销渠道，p_1、p_2 分别是零售商 1 传统线下销售渠道和网络直销渠道的价格，p_n 是零售商 2 网络直销渠道的销售价格。

3.1.2 效用方程的构建

书中变量和参数表示符号和含义如下：

$D_i(t)$ 为零售商 $i(i=1, 2, 3)$ 第 t 期零售商的需求函数。

a 为销售渠道潜在的市场规模。

θ 为消费者对传统线下销售渠道的忠诚度。

θ 为 a 传统线下销售渠道潜在的市场规模。

$(1-\theta)a$ 为网络直销渠道潜在的市场规模。

b 为零售商 $i(i=1, 2)$ 的价格弹性系数。

k 为零售商 $i(i=1, 2)$ 的交叉价格弹性系数。

c 为零售商 $i(i=1, 2)$ 销售商品的单位成本。

v 为零售商 1 的商业目标平衡系数。

λ 为零售商 2 的公平关切系数。

不失一般性的，假设零售商 1 和零售商 2 第 t 期的线性需求函数如下：

$$\begin{cases} D_1(t)=\theta a-bp_1(t)+kp_2(t)+kp_n(t) \\ D_2(t)=(1-\theta)a-bp_2(t)+kp_1(t)+kp_n(t) \\ D_n(t)=(1-\theta)a-bp_n(t)+kp_1(t)+kp_2(t) \end{cases} \tag{3-1}$$

其中，$b>k>0$，a 足够大满足市场需求。

零售商 1 和零售商 2 第 t 期的利润函数：

$$\begin{cases} \pi_1(t)=[p_1(t)-c]D_1(t)+[p_2(t)-c]D_2(t) \\ \pi_2(t)=[p_n(t)-c]D_n(t) \end{cases} \tag{3-2}$$

其中，零售商 1 的利润等于传统销售渠道利润 π_t 和网络直销渠道利润 π_d 之和；$\pi_t=[p_1(t)-c]D_1(t)$，$\pi_d=[p_2(t)-c]D_2(t)$。

Du 等（2010）研究了零售商的公平关切并给出了效用方程：

$$U_R=\pi_R-\beta(\pi_m-\pi_R) \tag{3-3}$$

其中，π_m、π_R 分别表示制造商和零售商的利润；零售商的公平关切感知取决于与制造商绝对利润的比较，当零售商的利润大于（小于）制造商时，零售商的效用会增加（降低）。

Cui 等（2007）也给出了零售商考虑公平关切的效用方程：

$$\begin{aligned} U_R(w,p)&=\pi(w,p)+f_R(w,p) \\ f_r(w,p)&=-\alpha\max[\gamma\Pi(w,p)-\pi(w,p),0] \\ &\quad-\beta\max[\pi(w,p)-\gamma\Pi(w,p),0] \end{aligned} \tag{3-4}$$

其中，$\Pi(w,p)$、$\pi(w,p)$ 分别表示制造商和零售商的货币报酬；$\gamma\Pi(w,p)$ 是零售商选择的利润参考指标，代表制造商利润的 γ 部分且 $\gamma\in(0,1)$。α、β 均为利润获得与利润参考点不相等时的效用损失的敏感系数，公平感知取决于零售商与制造商的部分利润的比较。只要 $\gamma\Pi(w,p)$、$\pi(w,p)$ 两者之间不相等，都会使零售商的效用小于其利润。

本书参考 Du 等（2010）和 Cui 等（2007）的零售商公平关切效用模型，得出零售商 1 和零售商 2 的效用函数方程：

$$\begin{cases} U_1(t)=v\pi_1(t)+(1-v)L_1 \\ U_2(t)=\pi_2(t)-\lambda[\pi_d(t)-\pi_2(t)] \end{cases} \tag{3-5}$$

其中，ν，$\lambda \in (0, 1)$，$L_1 = \dfrac{p_1(t)D_1(t) + p_2(t)D_2(t)}{\sum_{i}^{3} = 1 p_i(t)D_i(t)}$ 表示零售商 1 所占的市场份额。当 $\lambda = 0$ 时，零售商不存在公平关切；$\lambda = 1$ 时，零售商表现出极大的公平关切行为。

令 $e_1 = p_1(t)D_1(t) + p_2(t)D_2(t)$，$e_2 = p_3(t)D_3(t)$，$e_1$、$e_2$ 分别表示零售商 1 和零售商 2 的市场销售额，此时零售商 1 的市场份额可以表示为 $L_1 = \dfrac{e_1}{e_1 + e_2}$，$L_1$ 关于零售商 1 销售额的一阶偏导数如下：

$$\frac{\partial L_1}{\partial e_1} = \frac{\sum_{j=1}^{2} e_j - e_1}{(e_1 + e_2)^2} > 0 \tag{3-6}$$

可知，零售商 1 的销售额与其市场份额呈正方向变化，即两者变化趋势相同。因此，可用零售商 1 的销售额 $e_1 = p_1D_1 + p_2D_2$ 表示其所占的市场份额。

3.2 离散动态博弈模型及其复杂性分析

本节基于双寡头零售商为有限理性竞争者，建立了制造行业双寡头零售商供应链的离散动态模型，求解并分析系统均衡点的稳定性。

3.2.1 离散动态博弈模型

根据效用方程（3-5），可求零售商 1 和零售商 2 的边际效用函数，对效用方程求一阶偏导数可得：

$$\begin{cases} \dfrac{\partial U_1}{\partial p_1} = a\theta + b(cv - 2p_1) + k(2p_2 + p_n - cv) \\ \dfrac{\partial U_1}{\partial p_2} = a - 2bp_2 + bcv + k(2p_1 + p_n - cv) - a\theta \\ \dfrac{\partial U_2}{\partial p_n} = b(c - 2p_n)(1+\lambda) + a(1-\theta)(1+\lambda) + k(p_1 + p_2 + c\lambda + p_1\lambda) \end{cases} \tag{3-7}$$

令一阶偏导数 $\frac{\partial U_1}{\partial p_1}=\frac{\partial U_1}{\partial p_2}=\frac{\partial U_2}{\partial P_n}=0$，得到零售商 1 和零售商 2 的 Bertrand 纳什均衡点（p_1^*，p_2^*，p_n^*）。

基于双方有限理性和市场信息不完全情况，博弈双方将本期的边际效用函数作为下期的价格变动参考依据，即当期的边际效用大于零，下个博弈周期零售商会提高价格；当期边际效用小于零，下个博弈周期零售商会降低价格；由此建立价格动态博弈方程，表示如下：

$$\begin{cases} p_1(t+1)=p_1(t)+\alpha_1 p_1(t)\dfrac{\partial U_1}{\partial p_1} \\ p_2(t+1)=p_2(t)+\alpha_2 p_2(t)\dfrac{\partial U_1}{\partial p_2} \\ p_n(t+1)=p_n(t)+\alpha_n p_n(t)\dfrac{\partial U_2}{\partial p_n} \end{cases} \tag{3-8}$$

其中，α_1、α_2、α_n 分别表示零售商 1 和零售商 2 的价格调整系数且 α_1、α_2、$\alpha_n>0$。

3.2.2 系统平衡点

在市场竞争中，只要零售商的价格调整速度保持在稳定域内，零售商经过有限次价格博弈后，系统都会稳定在纳什均衡点。

令系统（3-8）中 $p_i(t+1)=p_i(t)$，可以得到系统（3-8）的平衡点 $E_j=(p_1, p_2, p_n)$，$j=1, 2, \cdots, 8$；系统平衡点表示如下：

$$E_1=(0,\ 0,\ 0),\ E_2=\left(\frac{(b-k)cv+a\theta}{2b},\ 0,\ 0\right),$$

$$E_3=\left(0,\ 0,\ \frac{(1+\lambda)\ (a-a\theta+bc+kc\lambda)}{2b}\right),$$

$$E_4=\left(0,\ \frac{a(1-\theta)+\ (b-k)cv}{2b},\ 0\right),$$

$$E_5=\begin{bmatrix} 0,\ \dfrac{2b(1+\lambda)\ [a+c(b-k)v-a\theta]\ +k\ [ck\lambda+bc(1+\lambda)+a(1-\theta)(1+\lambda)]}{4b^2(1+\lambda)-k^2}, \\ \dfrac{k\ [ckv+a(-1+\theta)]\ -2b^2c(1+\lambda)-b\ [-2a(-1+\theta)(1+\lambda)+ck(v+2\lambda)]}{k^2-4b^2(1+\lambda)} \end{bmatrix},$$

$$E_6=\begin{bmatrix} \dfrac{2b(bcv-ckv+a\theta)(1+\lambda)+k\ [a(1-\theta)(1+\lambda)+c(b+b\lambda+k\lambda)]}{(4b^2-k^2)(1+\lambda)},\ 0, \\ \dfrac{-a(1+\lambda)\ [2b(-1+\theta)-k\theta]\ +c\ [2b^2(1+\lambda)-k^2v(1+\lambda)+bk(v+2\lambda+v\lambda)]}{(4b^2-k^2)(1+\lambda)} \end{bmatrix},$$

$$E_7=\left(\frac{ak-a\theta k+b^2cv-ck^2v+ab\theta}{2\ (b^2-k^2)},\ \frac{ab-a\theta b+b^2cv-ck^2+ak\theta}{2\ (b^2-k^2)},\ 0\right),$$

$$E_8=\begin{pmatrix} \dfrac{(a(4b^2\theta(\lambda+1)-6b(\theta-1)k(\lambda+1)+k^2(-2\theta(\lambda+2)+2\lambda+3))+2c(b+k)(2b^2(\lambda+1)v-bk(\lambda+1)(2v-1)+k^2\lambda))}{(2(b+k)(4b^2(\lambda+1)-4bk(\lambda+1)-k^2(\lambda+2)))}, \\ \dfrac{a(\lambda+1)(-4b^2(\theta-1)+2b(\theta+1)k+k^2)+2c(b+k)(2b^2(\lambda+1)v-bk(\lambda+1)(2v-1)+k^2\lambda)}{2(b+k)(4b^2(\lambda+1)-4bk(\lambda+1)-k^2(\lambda+2))}, \\ \dfrac{a(-2b^2(\theta-1)(\lambda+1)+b(\theta\lambda k+k)+k^2(\theta(\lambda+2)-\lambda-1))+c(b^2-k^2)(2b(\lambda+1)+k(2\lambda+(\lambda+2)v))}{(b+k)(4b^2(\lambda+1)-4bk(\lambda+1)-k^2(\lambda+2))} \end{pmatrix}.$$

下面对均衡点的稳定性进行分析验证，系统（3-8）的 Jacobi 矩阵 $J\ (p_1,\ p_2,\ p_n)$表示如下：

$$J=\begin{bmatrix} j_{11} & 2k\alpha_1p_1(t) & \alpha_1kp_1(t) \\ 2k\alpha_2p_2(t) & j_{22} & k\alpha_2p_2(t) \\ k\alpha_nkp_n(t) & k\alpha_np_n(t) & j_{33} \end{bmatrix} \tag{3-9}$$

其中，

$$j_{11}=1+\alpha_1[a\theta+b(cv-4p_1)+k(2p_2+p_n-cv)],$$

$$j_{22}=1+\alpha_2[a-4bp_2+bcv+k(2p_1+p_n-cv)-a\theta],$$

$$j_{33}=1+\alpha_n[b(c-4p_n)(1+\lambda)+a(1-\theta)(1+\lambda)+k(p_1+p_2+c\lambda+p_1\lambda)]。$$

将均衡点依次带入 Jacobi 矩阵，并求得各平衡点相应的特征值，如果特征值非零且大于 1，则此均衡点为非稳定点。

以 E_1 为例，得到对应的 Jacobi 矩阵

$$j_{(E_1)}=\begin{bmatrix} 1+\alpha_1\left(a\theta+bcv-kcv\right) & 0 & 0 \\ 0 & 1+\alpha_2\left(a+bcv-k\left(a\theta+cv\right)\right. & 0 \\ 0 & 0 & 1+\alpha_n\left(bc\left(1+\lambda\right)+a\left(1-\theta\right)\left(1+\lambda\right)+kc\lambda\right) \end{bmatrix} \tag{3-10}$$

求得 $J(E_1)$ 的非 0 特征值分别为 $1+\alpha_1(a\theta+bcv-kcv)$，$1+\alpha_2(a+bcv-k(a\theta+cv)$，$1+\alpha_n[bc(1+\lambda)+a(1-\theta)(1+\lambda)+kc\lambda]$，根据上述对各参数的范围定义可得以上特征值均大于 1，故 E_1 为不稳定均衡点；同理可得 E_2，…，E_7 均为不稳定均衡点，E_8 是系统（3-8）唯一的 Nash 均衡点，其稳定性需要满足 Routh-Hurwitz 稳定判据，Jacobi 的特征多项式表示如下：

$$F(\xi)=A_0+A_1\xi+A_2\xi+\xi^n \tag{3-11}$$

系统（3-8）稳定需要满足的条件如下：

$$\begin{cases} A_0+A_1+A_2+1>0 \\ A_0-A_1+A_2-1<0 \\ A_0^2-1<0 \\ (1-A_0^2)^2-(A_1-A_0A_2)^2>0 \end{cases} \tag{3-12}$$

其中，

$$A_0=J_{11}J_{23}J_{32}+J_{12}J_{21}J_{33}+J_{13}J_{22}J_{31}-J_{11}J_{22}J_{33}-J_{13}J_{21}J_{32}-J_{12}J_{23}J_{31},$$

$$A_1=J_{11}J_{22}+J_{11}J_{33}+J_{22}J_{33}-J_{13}J_{31}-J_{12}J_{21}-J_{23}J_{32},$$

$$A_2=-J_{11}-J_{22}-J_{33}。$$

在数值仿真前，需要验证零售商 1 的效用方程是凹函数，即存在最大效用值。海塞矩阵由零售商 1 的效用方程的二阶导数及二阶偏导数组成，表示如下：

$$H_{R_1}=\begin{bmatrix} -2b & 2k \\ 2k & -2b \end{bmatrix} \tag{3-13}$$

上述已知，$b>k>0$，$-2b<0$，$4b^2-4k^2>0$，故一阶主子式小于 0，二阶

主子式大于 0。所以，海塞矩阵是负定矩阵，即零售商 1 的效用方程存在唯一最大值。

3.3 数值模拟

通过数值仿真分析不同参数组合下不同商业目标和公平关切水平对系统稳定性及利润的影响。

3.3.1 稳定域分析

本节采用数值模拟分析系统（3-8）的稳定性及动态行为。根据市场实际情况，取系统参数如下：$a=1$，$b=0.5$，$k=0.2$，$c=0.1$，$\theta=0.6$。根据系统稳定性条件，模拟给出零售商 1 和零售商 2 的系统稳定域。

（1）商业目标平衡系数对系统稳定性的影响

图 3-2、图 3-3 和图 3-4 描述了在其他参数不变的情况下，零售商 1 的商业目标平衡系数变化对系统稳定域的影响，其稳定域坐标轴由零售商的价格调整速度 α_i（$i=1$，2，3）表示。在由 α_i 为坐标轴的稳定域中，只要零售商的价格调整速度取值没有超过稳定域，则零售商经过有限次数的价格博弈之后，价格依然会稳定在纳什均衡点。可以看出，$\alpha_n=0.5$ 和 v 分别取 0、0.5、1 时，零售商 1 的传统销售渠道和网络直销渠道的价格调整速度稳定范围减小，市场竞争减弱。

结论 1：双寡头零售商竞争环境中，当零售商拥有传统线下销售渠道和网络直销渠道时，考虑不同的商业目标会使其稳定域减小，系统中市场竞争减弱。

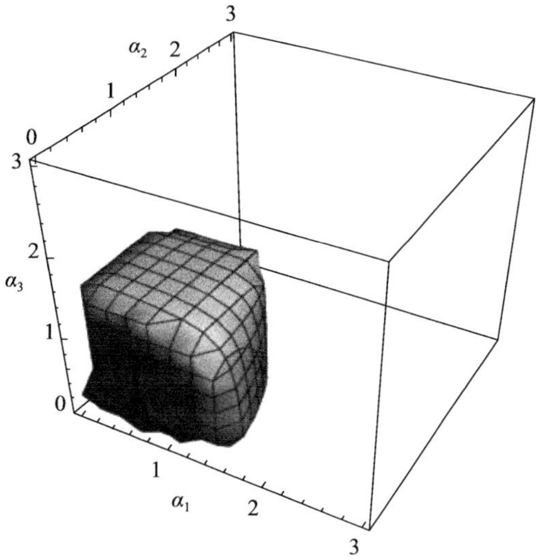

（a）三维稳定域

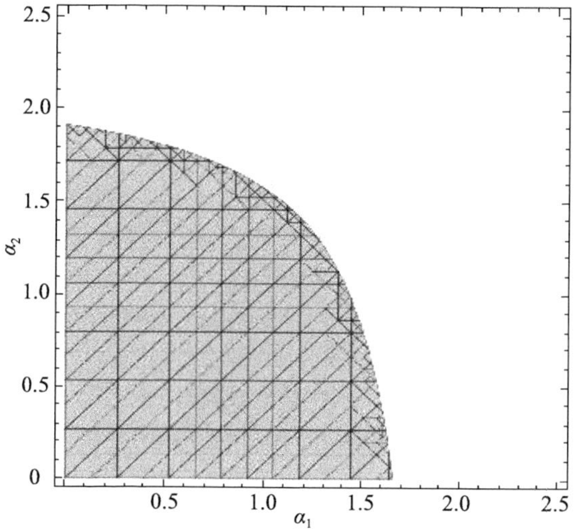

（b）二维稳定域

图 3-2　$v=0$，$\lambda=\alpha_3=0.5$ 时系统（3-8）三维稳定域和二维稳定域

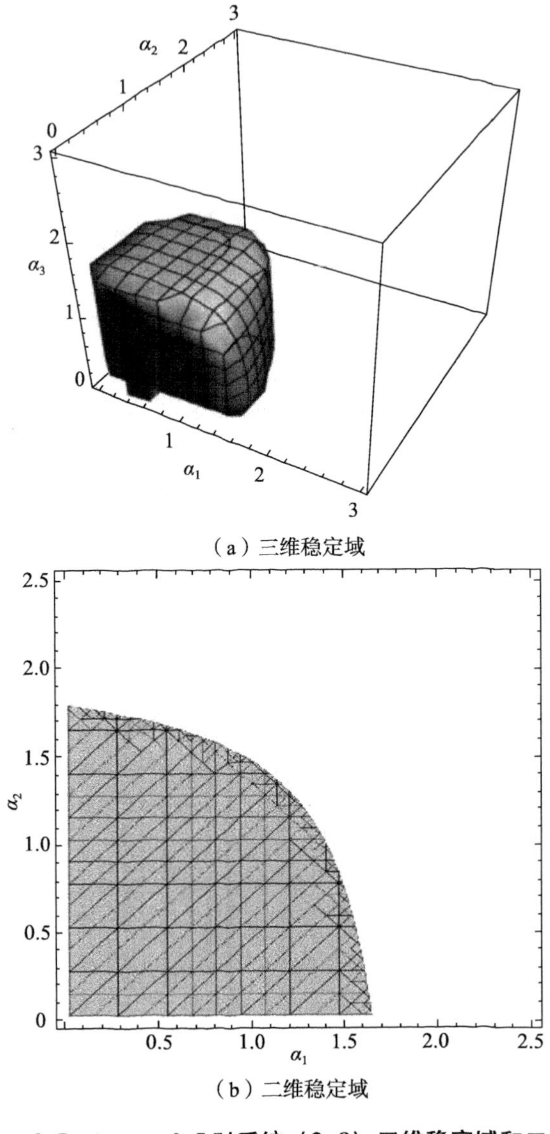

（a）三维稳定域

（b）二维稳定域

图 3-3　$\nu=0.5$，$\lambda=\alpha_3=0.5$ 时系统（3-8）三维稳定域和二维稳定域

（2）公平关切水平对系统稳定性的影响

由 α_i（$i=1$，2，3）为坐标轴形成的图 3-5、图 3-6 和图 3-7 依次分析了 $\alpha_1=0.5$ 时，$\lambda=0$、0.5、1 的情景，三维稳定域随 λ 的增大而减小；二维稳定域中，α_2 的范围变化微小，α_n 的数值范围有较大幅度减小。零售

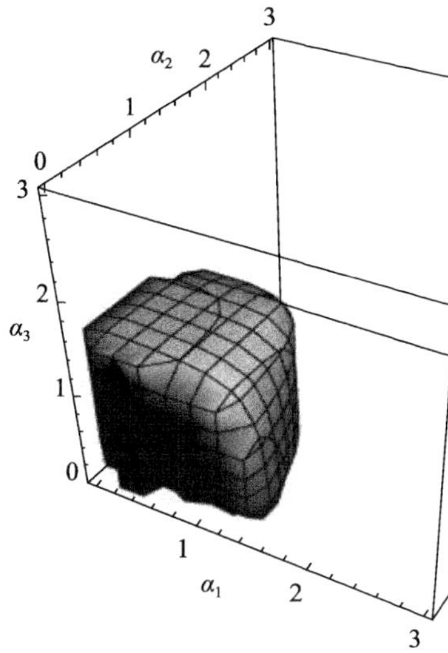

（a）三维稳定域

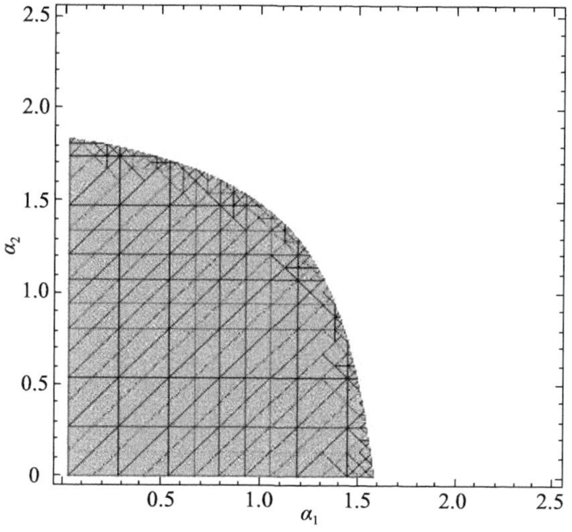

（b）二维稳定域

图 3-4　$v=1$，$\lambda=\alpha_3=0.5$ 时系统（3-8）三维稳定域和二维稳定域

商 2 的公平关切行为对系统的稳定性产生很大影响，公平关切水平越高，对应的稳定域越小。

结论 2：在零售商 1 和零售商 2 组成的系统中，零售商 2 的公平关切行为影响自身的稳定域，且公平关切水平越高，自身稳定域越小，价格调整的稳定范围变小，市场竞争减弱。

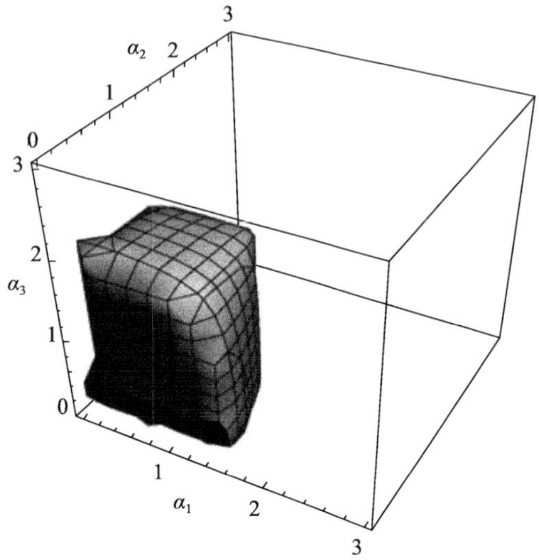

（a）三维稳定域

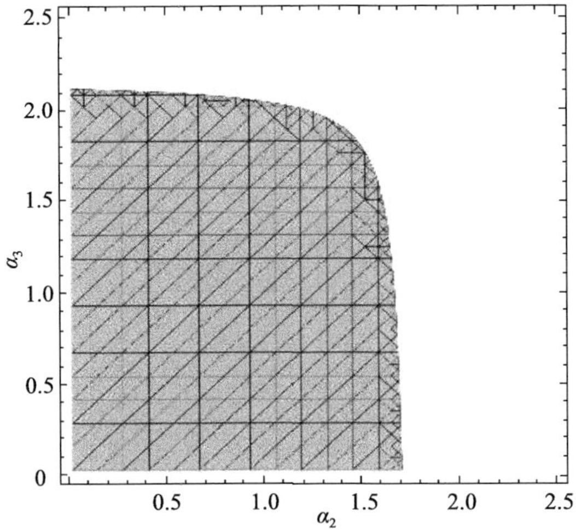

（b）二维稳定域

图 3-5　$\lambda=0$，$\alpha_1=0.5$，$v=0.6$ 时系统（3-8）三维稳定域和二维稳定域

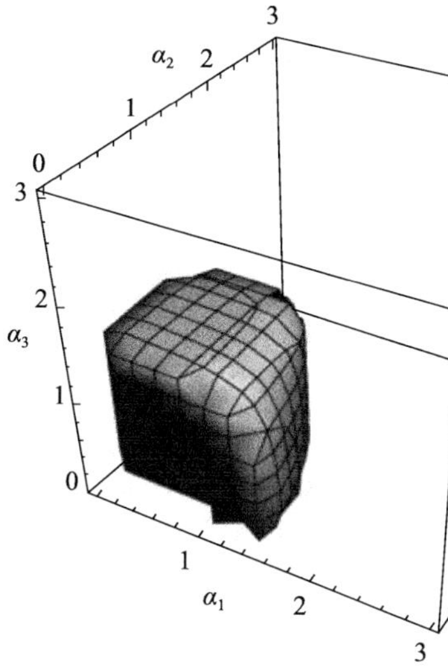

（a）三维稳定域

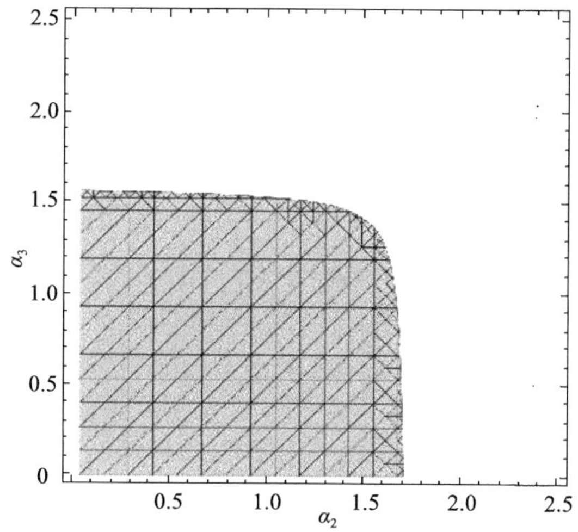

（b）二维稳定域

图 3-6　$\lambda=0.5$，$\alpha_1=0.5$，$\nu=0.6$ 时系统（3-8）三维稳定域和二维稳定域

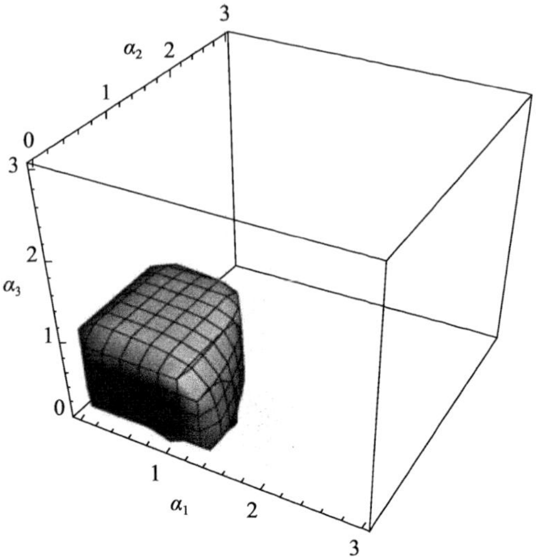

（a）三维稳定域

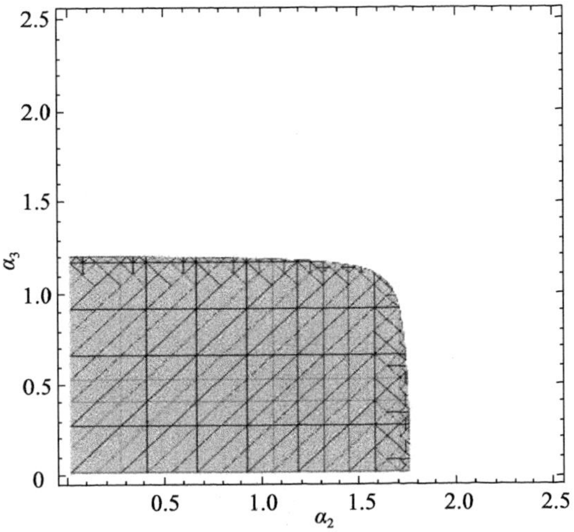

（b）二维稳定域

图 3-7　$\lambda=1$，$\alpha_1=0.5$，$\nu=0.6$ 时系统（3-8）三维稳定域和二维稳定域

3.3.2　二维分岔图

二维分岔图也称参数盆域，是分析系统混沌更加强大的工具，能清晰地展示系统从稳定态到混沌经历的全部周期过程。二维分岔图的横轴和纵轴表示系统中参数值的变化范围。当固定其他参数时，随着横纵轴参数值的变化，系统的状态会发生相应的改变。一维分岔图可以看作二维分岔图中的一条线。图中不同的系统状态用不同的颜色进行表示。

图 3-8 描述了 $v=\lambda=0.5$，α_i（$i=1, 2, 3$）$=1$ 时的系统二维分岔图的三种情况。图中不同颜色表示不同的系统运行状态，其中黑色、灰色和浅灰色部分表示系统处于稳定态、周期状态和混沌状态，白色部分表示由于参数值过大导致系统出现溢出，此时会有市场竞争者退出市场。图 3-8（a）中，当 $\alpha_3=1$ 时，横纵轴分别表示零售商 1 的传统销售渠道和网络直销渠道的价格调整速度，黑色所代表的稳定域部分近似四分之一圆；但 α_2 的取值范围要大于 α_1，说明传统线下销售渠道比网络直销渠道价格调整更加敏感，零售商 1 应该谨慎控制传统线下渠道的价格调整速度。零售商的传统线下销售渠道或网络直销渠道的价格调整速度大于稳定域的参数值时，系统就会失去稳定性，然后进入倍周期状态。由图 3-8（b）可知，黑色稳定区域近似一个正方形，即 α_2，α_3 的稳定域取值范围几乎相等，这表明零售商 1 和零售商 2 的网络直销渠道对价格调整的敏感性相同。此外，α_2 对应的二周期区域明显大于 α_3 所对应的二周期区域。若令 $\alpha_3=1$，当 α_2 取值超出稳定域时会经历较长的二周期状态，然后进入下个倍周期状态。相比较上述两种情况，在由 α_1，α_3 为坐标轴的二维分岔图中，零售商 1 的传统销售渠道依然对价格调整速度较为敏感并具有较宽的二周期区域。在上述二维分岔图中，当价格调整速度取值不同时，系统可以经历倍周期进行混沌；也可以从二周期经历 Neimark-Sacker 分岔进入混沌，故不同的价格调整策略对应不同的系统变化过程。

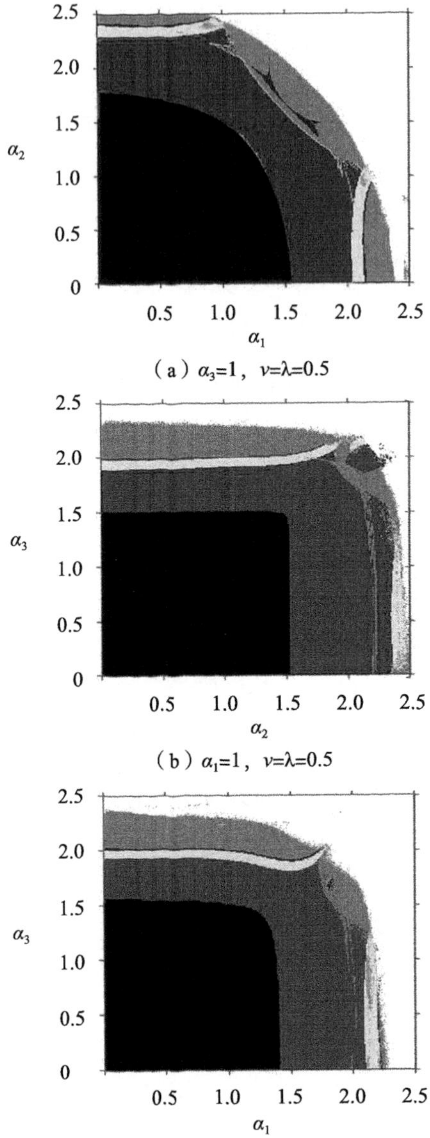

（a）$\alpha_3=1$，$v=\lambda=0.5$

（b）$\alpha_1=1$，$v=\lambda=0.5$

（c）$\alpha_2=1$，$v=\lambda=0.5$

图 3-8　系统（3-8）的二维分岔

3.3.3　价格调整系数对系统价格博弈的影响

通过对系统稳定域的分析可知，当某一零售商的价格调整系数超过稳定域的范围时，系统会失去稳定性甚至出现混沌现象，李雅普诺夫指数（LLE）是证明系统混沌的重要依据之一。下面分析零售商 1 和零售商 2 的价格调整系数对系统的影响。

图 3-9 描述了当 $\alpha_2=\alpha_3=0.5$ 时，p_1、p_2、p_n 随 α_1 变化的价格演化图。当 $\alpha_1<1.53$ 时，系统价格处于稳定状态；当 $\alpha_1=1.53$ 时系统价格出现二周期分岔现象；随着 α_1 的不断增大，系统价格经历倍周期分岔最后进入混沌状态，此时系统均衡点失去稳定且变得不可预测。对应的李雅普诺夫指数的变化验证了价格博弈的演化过程；当 LLE<0 时，系统处于稳定状态；当 LLE=0 时，系统出现分岔现象；当 LLE>0 时，系统处于混沌状态。图 3-10 是价格随 α_2 变化的价格博弈过程。当 $\alpha_2=1.74$，价格出现二周期分岔现象，随后保持稳定状态，对应的李雅普诺夫指数是负数；当 $\alpha_2>2.3$ 时，零售商 1 退出市场竞争。图 3-11 为系统随零售商 2 的价格调整系数 α_3 变化的价格动态过程，当 $\alpha_3=1.55$ 时价格出现二周期分岔现象，经历倍周期分岔最后进入混沌状态。

结论 3：在市场竞争中，零售商的价格调整系数应该控制在一定范围内。当某一零售商的价格调整系数过大时，系统价格会出现分岔现象甚至陷入混沌状态。

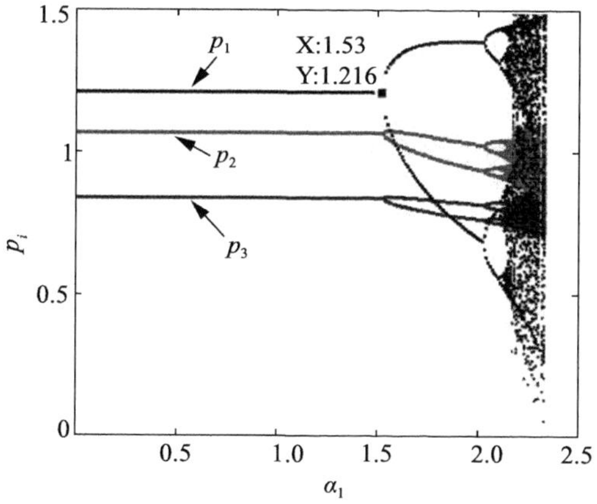

（a）分岔

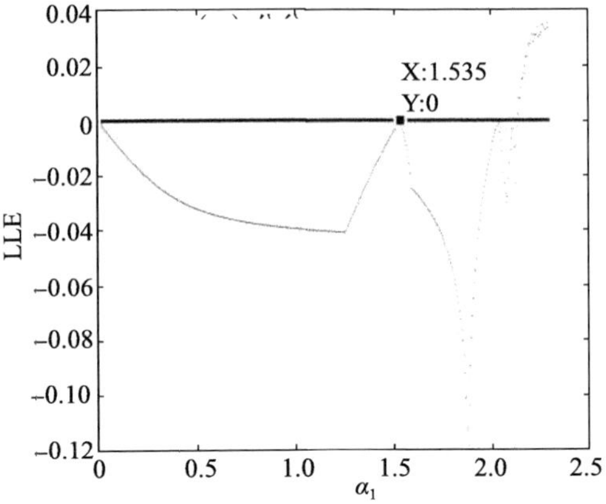

（b）李雅普诺夫指数

图 3-9　$\alpha_2=\alpha_3=0.5$，$\lambda=0.5$ 时系统（3-8）的价格博弈演化和李雅普诺夫指数

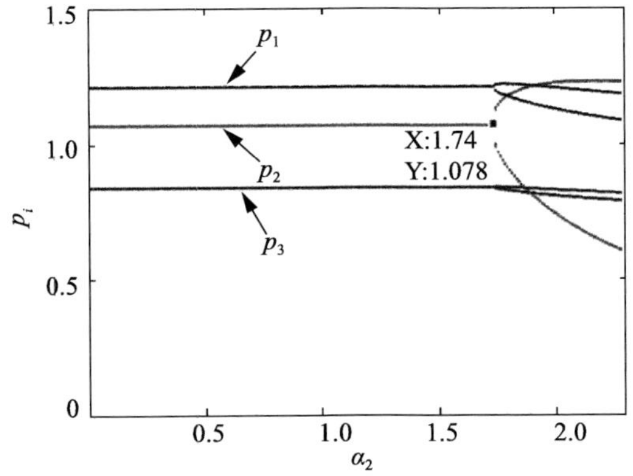

（a）分岔图

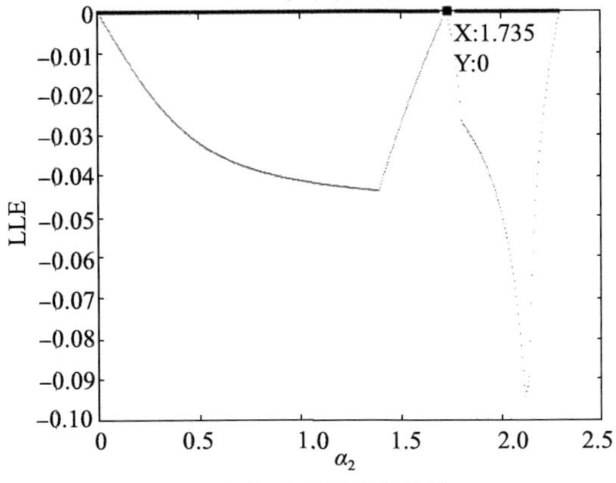

（b）李雅普诺夫指数

图 3-10　$\alpha_1=\alpha_3=0.5$，$\lambda=0.5$ 时系统（3-8）的价格博弈演化和李雅普诺夫指数

3.3.4 公平关切水平对系统价格博弈的影响

下面研究零售商 2 的公平关切水平对系统价格演化过程的影响，以 α_3 的变化为例。

通过对图 3-11、图 3-12 和图 3-13 分析可知，当 $\alpha_1=\alpha_2=0.5$ 时，系统的稳定性随 λ 取值的增大而减小。$\lambda=0$ 时，系统维持在稳定状态；$\lambda=1$ 时，系统很快进入混沌状态且零售商 2 的价格调整速度范围有较大程度的缩小。

结论 4：考虑公平关切行为会导致系统较早陷入混沌状态，且公平关切的水平越高，系统越容易进入混沌状态。

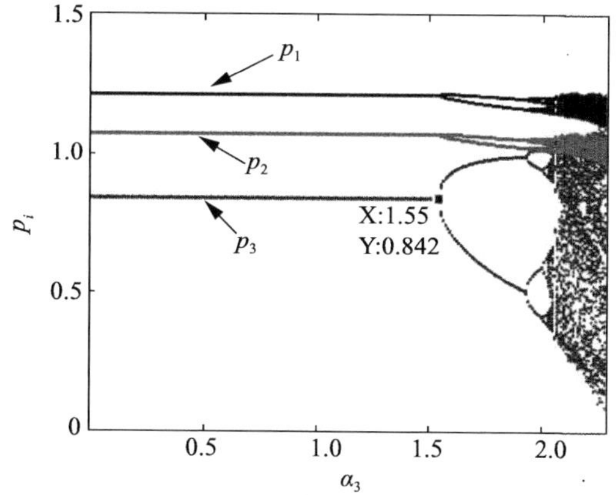

（a）分岔

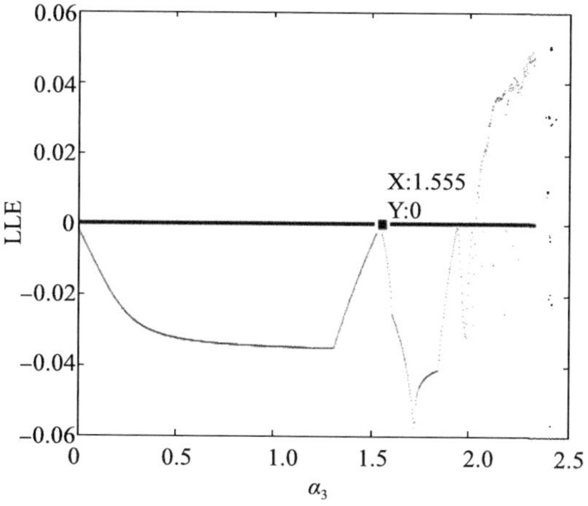

（b）李雅普诺夫指数

图 3-11 $\alpha_1=\alpha_2=0.5$，$\lambda=0.5$ 时系统（3-8）的价格博弈演化和李雅普诺夫指数

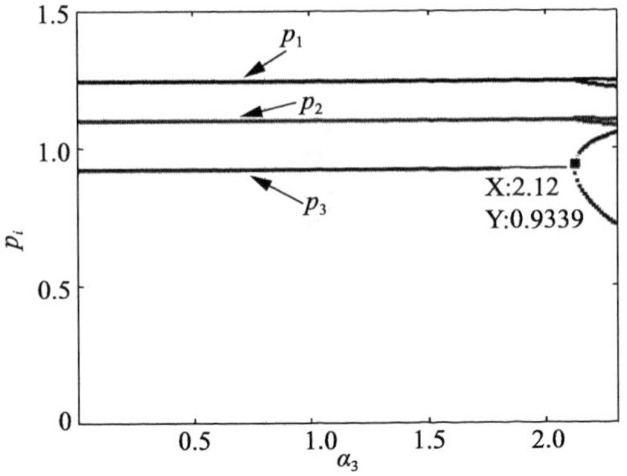

（a）分岔

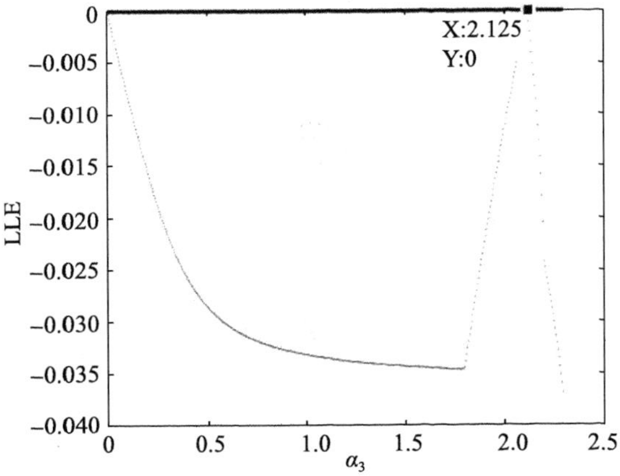

（b）李雅普诺夫指数

图 3-12　$\alpha_1=\alpha_2=0.5$，$\lambda=0$ 时的价格动态变化和李雅普诺夫指数

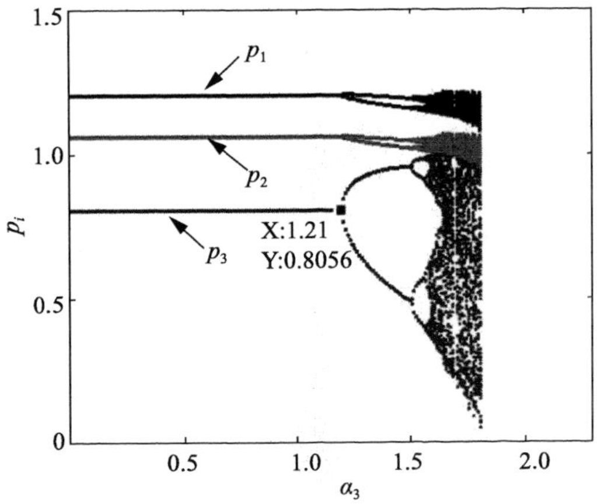

（a）分岔

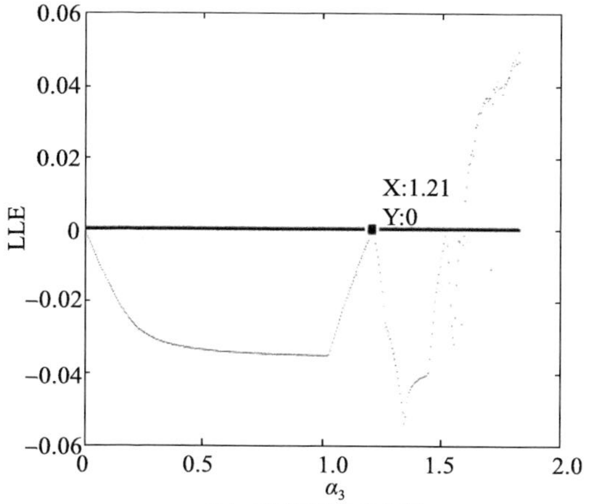

(b) 李雅普诺夫指数

图 3-13 $\alpha_1=\alpha_2=0.5$，$\lambda=1$ 时系统（3-8）的价格动态变化和李雅普诺夫指数

图 3-14 为系统的混沌吸引子，是系统混沌状态的重要特性之一。价格分布在不稳定空间轨道上，验证了价格博弈的动态性。图 3-15 表示系统价格的时间序列，当 $\alpha_3=2.0$ 时，价格出现四周期分岔；当 $\alpha_3=2.3$ 时，p_1、p_2、p_n 的变化处于无序状态，此时系统陷入混沌状态。图 3-16 为混沌系统的另一性质——混沌系统对初值的敏感依赖性，系统初始值有微小的变化，就会引起系统价格的剧烈波动；保持 p_1、p_2 初始值不变，p_n 的初始值变化 0.001，系统价格就会发生剧烈变化。当 $\alpha_3=1.6$ 时，p_1、p_2、p_n 经历较大波动后逐渐回到初始值，即系统恢复稳定性；当 $\alpha_3=2.3$ 时，p_1、p_2、p_n 出现连续无规律的波动，此时系统陷入混沌状态。

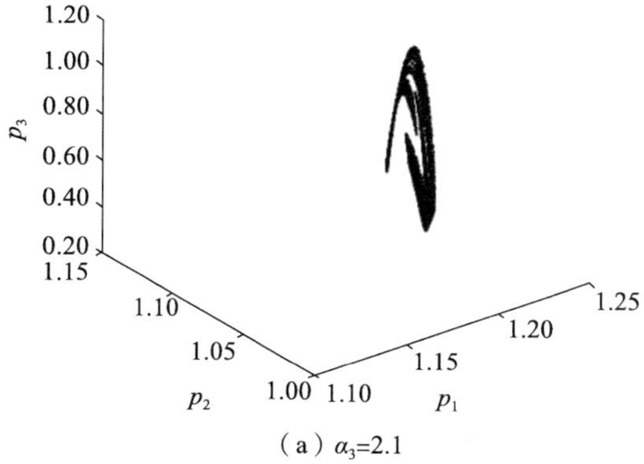

(a) α_3=2.1

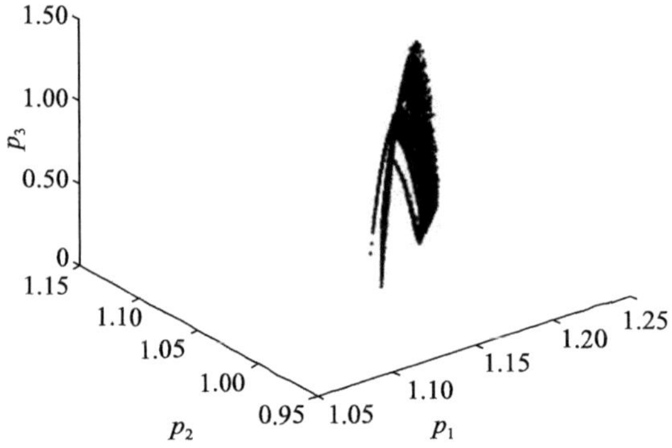

（b）α_3=2.3

图 3-14　$\alpha_1=\alpha_2=0.5$，系统（3-8）的系统混沌吸引子

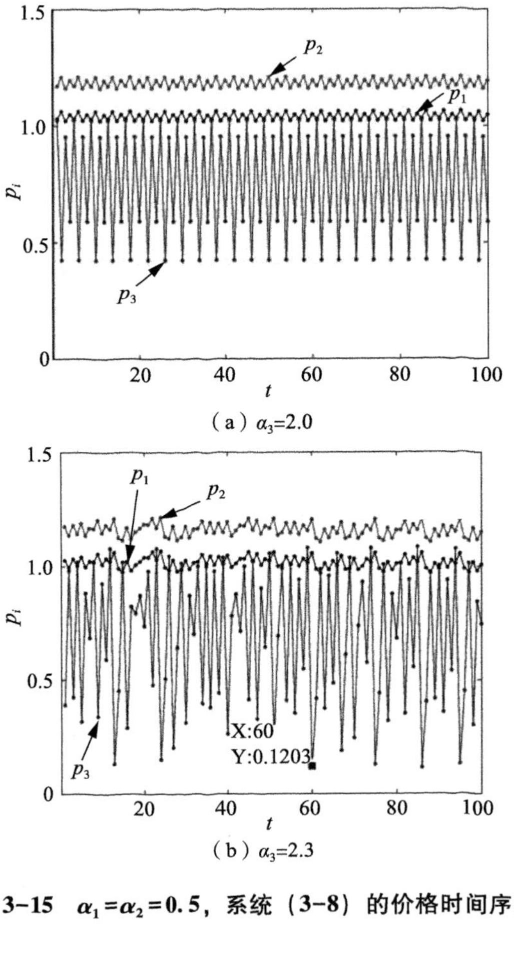

（a）α_3=2.0

（b）α_3=2.3

图 3-15　$\alpha_1=\alpha_2=0.5$，系统（3-8）的价格时间序列

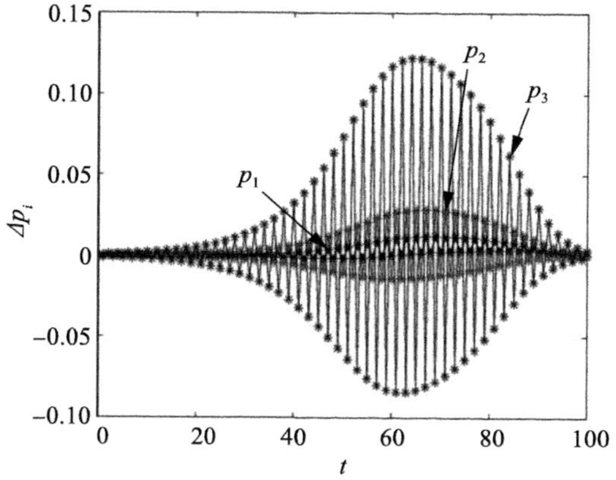

（a）α_3=1.6

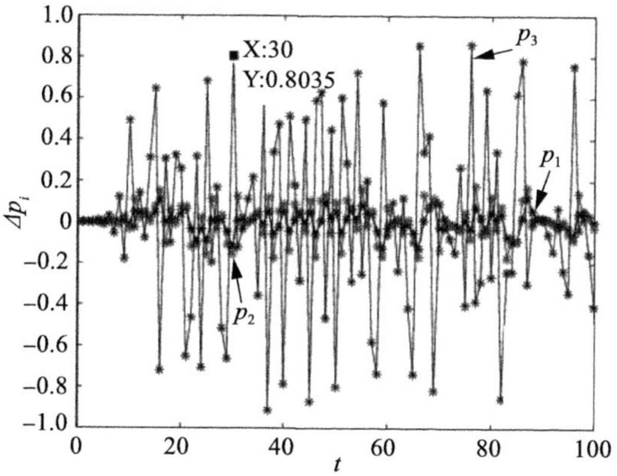

（b）α_3=2.3

图 3-16　$\alpha_1=0.5$，$\alpha_2=1.0$，α_3 分别为 1.6 和 2.3 时系统敏感性且价格初始值为（1.216，1.073，0.843）和（1.216，1.073，0.844）

3.3.5　价格调整速度和公平关切水平对零售商利润的影响

利润是评价零售商绩效的重要指标之一。首先以 α_3 变化为例分析价格调整速度对零售商利润的影响，随后分析价格调整速度、公平关切水平双参数对零售商利润的影响。图 3-17 中，当 $\alpha_n=2.3$ 时，系统处于混沌状态，零售商 1 和零售商 2 的利润剧烈波动且大部分利润低于稳定时利润值；零售商 2 的利润甚至出现负值，这不利于零售商利润的最大化。α_3 从 0 到

2.3 变化过程中，系统稳定状态的利润平均值高于系统混沌状态的利润平均值；α_3 越大，零售商利润损失越大。

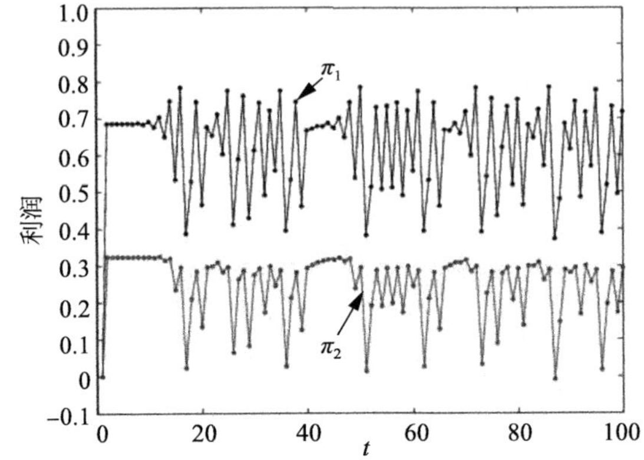

（a）利润动态

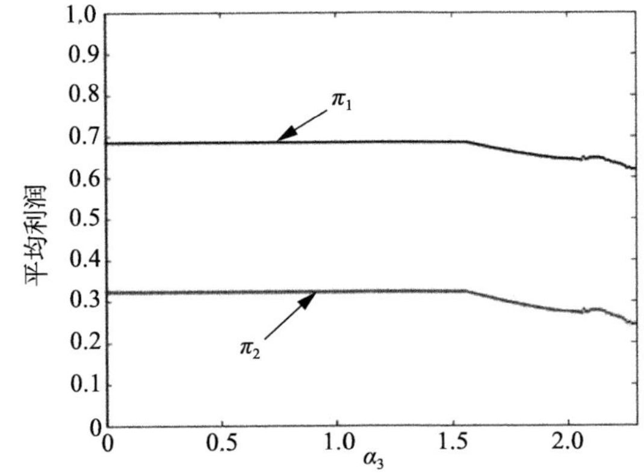

（b）随α_3变化的平均利润

图 3-17 $\alpha_1=\alpha_2=0.5$，$\alpha_3=2.3$ 时的利润动态及随 α_3 变化的平均利润

图 3-18 中（a）、（b）分别描述了系统在稳定状态和混沌状态下，零售商利润随公平关切水平变化的情景。零售商 2 考虑公平关切不利于供应链参与者利润最大化目标的实现；且公平关切水平越高，利润损失越大。图 3-19 用三维网格显示了零售商利润随价格调整速度和公平关切水平同时变化的情景。当 λ、α_3 维持在较小数值时，系统利润平稳不变；随着两参数值的增大，系统最后陷入混沌状态且大部分利润值低于系统稳定状态的利润值。因此，零售商 2 在市场竞争中，保持参数值处于适当范围有利

于零售商利润的稳定和提高。

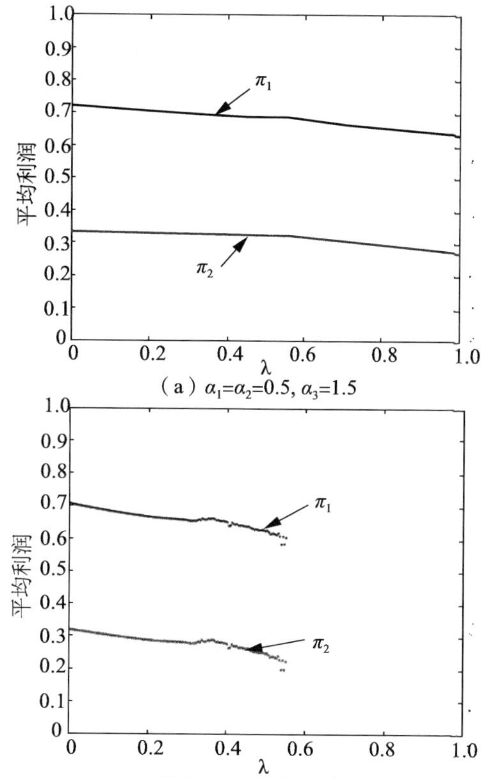

(b) $\alpha_1=\alpha_2=0.5,\ \alpha_3=2.3$

图 3-18　零售商平均利润随公平关切水平变化

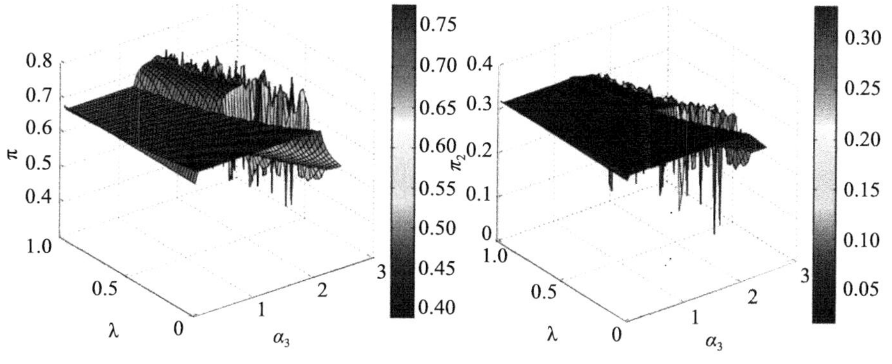

（a）制造商利润　　（b）零售商利润

图 3-19　系统利润随 λ、α_3 的变化而变化

结论 5：系统稳定状态的平均利润值大于系统混沌状态的平均利润值；零售商价格调整系数和公平关切水平过大不利于利润最大化的实现；零售商的价格调整系数应该控制在一定范围内，系统才能处于有序的竞争状态且有利于市场竞争者实现商业目标。

3.4 混沌控制

在零售商 1 和零售商 2 组成的寡头市场中，当零售商的价格调整速度达到某一个临界值时，系统会出现混沌状态。此时系统处于无序状态且不可预测，零售商的价格和利润波动剧烈，甚至出现负值导致零售商的平均利润下降，对零售商的利润最大化目标很不利。因此，零售商均有抑制市场进入混沌状态的动机，需要运用一些混沌控制方法使系统恢复稳定状态。

本节采用参数适应法对系统（3-8）进行混沌控制，控制系统表示如下形式：

假设初始系统（3-8）表示为 p_i（i+1）=f_i（p_1，p_2，p_n）（i=1，2，3），其控制系统为

$$p_i(t+1)=(1-u)f_i(p_1,p_2,p_n)+up_i(t)\,(i=1,2,3) \tag{3-14}$$

其中，u 是控制因子，可以认为是政府对价格调整速度的管制，或是市场竞争者的学习及市场适应能力；当 $u=0$ 时，系统（3-14）退化为系统（3-8）。

由图 3-20 的价格动态演化过程可知，当控制因子 u 达到某一数值时系统由混沌状态变为稳定状态，系统的混沌得到有效控制，零售商的利润同时会整体提高。

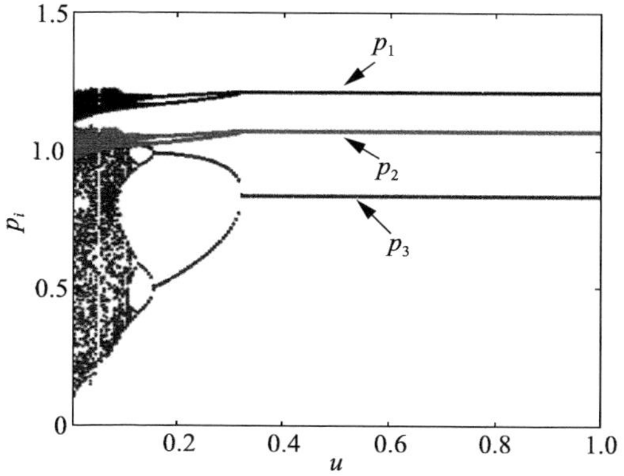

图 3-20 控制因子 u 对价格动态博弈过程的影响

3.5 结论

本章考虑了市场双寡头零售商的不同商业目标和公平关切行为，构建了双寡头零售商的动态价格博弈模型。运用博弈论和混沌理论等对零售商价格、利润及供应链系统稳定性的影响进行了分析，得到以下结论：

（1）双寡头零售商市场中，零售商拥有线下传统销售渠道和网络直销渠道时，考虑不同的商业目标会使其稳定域减小，系统中市场竞争减弱。

（2）零售商双寡头市场中，零售商考虑公平关切时会使其自身的稳定域减小且公平关切水平越高，相应的稳定域越小，不利于市场竞争的稳定性。

（3）在市场竞争中，零售商价格调整系数应该控制在稳定域内。当某一零售商的价格调整系数超过稳定域范围时，即零售商的价格调整速度过快时，系统会出现分岔现象甚至陷入混沌状态。

（4）零售商公平关切行为会导致系统陷入混沌状态且公平关切的水平越高，系统越容易进入混沌状态。

（5）系统稳定状态的平均利润值大于系统混沌状态的平均利润值，零售商价格调整系数和公平关切水平过大不利于利润最大化目标的实现。零售商价格调整系数越大，利润损失越大。

3.6 现实启示

零售商多渠道的竞争主要体现在顾客冲突、价格冲突两个方面。现实中，开设多渠道有弊有利。多渠道有利于吸收不同的消费群体，有利于扩大市场份额；但不同顾客对传统销售渠道和网络直销渠道的忠诚度不同。因此，如何精准地对顾客进行营销，避免多渠道之间的顾客冲突是零售商需要关注的问题，其中提高产品差异和提供个性化服务是细分市场的重要手段，也是缓解渠道之间顾客冲突的有效办法。近几年，消费者在注重产品效能的同时，更加追求绿色消费、产品的智能化、艺术性等。因此，企业需要瞄准发展侧重点，提供个性化服务以获得更大的发展空间；同时可以避免产品同质，从而减少顾客冲突。另外，由于网络直销渠道运营成本低导致产品价格通常低于传统销售渠道，为了抢占市场份额，公平关切的零售商可能会采取降价的报复性行为引起价格战，导致市场效率降低，损害自身的利润。因此，零售商要优化渠道资源配置，选择合理的价格策略以发挥自身渠道优势，实现商业经营目标。

第四章

制造商—零售商的 Stackelberg 模型研究

目前，随着电子商务的发展，许多厂商或零售商建立了网络直销渠道。在这种情况下，市场参与者之间的竞争越来越激烈。因此，选择合适的销售和定价策略对于决策者实现自身的商业目标就显得至关重要。在现实市场环境中，制造商负责产品的生产和分销，凭借强大的资金和市场控制力，通常比零售商拥有更大的决策优势。因此，制造商在市场博弈中一般为领导者。由于零售商处在供应链下游，各种决策和行为都受到制造商的制约，决策时往往追随制造商的决策步伐，表现为跟随者。本章研究了由一个双渠道制造商和一个传统零售商组成的双渠道供应链，制造商和零售商在市场竞争中以价格为决策变量，博弈类型遵循 Stackelberg 博弈。在同一市场上竞争时，制造商和零售商均为有限理性且存在公平关切行为；而制造商不仅关注利润目标，而且关注自身所占的市场份额。本章主要包括以下内容：①建立制造商和零售商的动态 Stackelberg 博弈模型并求得使系统平衡的均衡解，且对系统存在的均衡点逐一进行了稳定性分析。②将博弈论和混沌理论相结合，重点分析了决策者在市场竞争中所表现出的动态价格博弈行为及复杂性特征，如分岔、混沌、奇异吸引子、初始值敏感性等。③分析了制造商和零售商价格博弈演化过程，以及市场竞争者在不同参数值下的平均利润和利润的变化情况。④用变量反馈控制方法对混沌系统进行了很好地控制。研究表明，随着制造商和零售商的价格调整速度加快，双渠道供应链的动态博弈系统更容易进入混沌状态。当系统处在混沌状态下，双渠道供应链系统的熵值要比系统处在稳定状态下的熵值大。

随着制造商的市场占有率权重系数的增加，双渠道供应链的稳定性增强；随着制造商和零售商的公平关切水平的提高，双渠道供应链的稳定性将减弱。双渠道供应链的利润随着制造商对公平性的高度关注而提高，而随着零售商对公平性的高度关注而降低。在 Stackelberg 博弈模型中，零售商在混沌状态下比稳定状态下获得更多的利润。

4.1 模型假设与构建

本小节构建了由一个制造商和一个零售商组成的两级供应链系统，制造商同时拥有传统销售渠道和网络直销渠道；零售商以转移价格从上级制造商处获得商品，在传统渠道进行销售。双渠道供应链结构如图 4-1 所示。

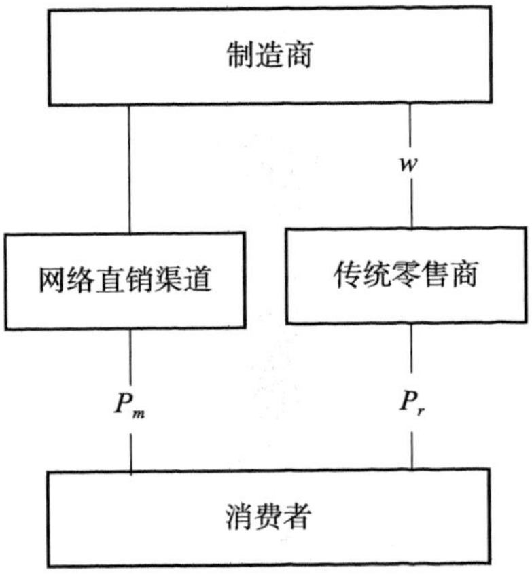

图 4-1 双渠道供应链系统

4.1.1 模型假设

(1) 双渠道制造商和传统零售商销售同一种商品，商品的边际成本为 c，固定成本为零。制造商和零售商以销售价格作为决策变量。

（2）制造商和零售商在每个博弈周期中，均不能获得市场的全部信息。因此，决策者在制定价格决策时双方均表现出有限理性竞争者。

（3）制造商和零售商在市场竞争中均表现出公平关切行为。

（4）零售商的经营目标是利润最大化；制造商不仅追求利润，而且关注市场份额。

4.1.2 模型建立

不失一般性，根据市场上表现出的商品需求情形，本章用线性需求形式表示制造商和零售商的需求方程，D_r，D_m 分别表示零售商和制造商的市场需求函数，则有

$$\begin{cases} D_r = a\theta - b_1 p_R + kp_m \\ D_m = a(1-\theta) - b_2 p_m + kp_r \end{cases} \tag{4-1}$$

其中，a 为市场的潜在需求规模，$\theta(0<\theta<1)$ 表示消费者对传统渠道的忠诚度，$\alpha\theta$ 则为偏好传统渠道的消费者数量，$\alpha(1-\theta)$ 为偏好网络直销渠道的消费者数量；b_1、b_2 分别表示零售商和制造商的需求价格弹性系数；k 是渠道间的交叉价格弹性系数，通常情况下存在 b_1，$b_2>k$。

零售商和制造商的利润方程可以表示如下：

$$\begin{cases} \pi_r = (p_r - w) D_r \\ \pi_m = D_m(p_m - c) + D_r(w - c) \end{cases} \tag{4-2}$$

市场竞争中，制造商和零售商在追求利润最大化的同时均考虑公平关切。Cui 等（2007）给出了零售商考虑公平关切时的效用方程：

$$u_r(w,p) = \pi_r(w,p) + f_r(w,p) \tag{4-3}$$

其中，$f_r(w,\ p) = -\alpha\max[\gamma\Pi(w,\ p) - \pi(w,\ p),\ 0] - \beta\max[\pi(w,\ p) - \gamma\Pi(w,\ p),\ 0]$。$\Pi(w,\ p)$、$\pi_r(w,\ p)$ 分别表示制造商和零售商的利润获得，α、β 分别表示当 $\gamma\Pi(w,\ p)$ 和 $\pi(w,\ p)$ 存在差异时，零售商效用对利润差异的敏感系数，此时零售商的公平感受取决于自身利润与其选择的利润标准（制造商的部分利润）比较。只要二者不相等，零售商的效用就

会降低。

杜少甫等（2010）在其论文中也给出了零售商考虑公平关切的效用方程：

$$U_r = \pi_r - \lambda(\pi_m - \pi_r) \tag{4-4}$$

其中，π_m、π_r 分别为制造商、零售商的利润。零售商效用增加和效用损失的敏感系数相等，用 λ 表示。此模型中零售商的公平感受取决于零售商和制造商之间绝对利润的比较。

综合 Cui 等（2007）和杜少甫等（2010）给出的公平关切模型，结合本章研究的情境，下面给出制造商和零售商的公平关切模型：

$$\begin{cases} u_r = \pi_r - \lambda_1(\pi_{md} - \pi_r) \\ U_m = \mu\pi_m + (1-\mu)L_m - \lambda_2(\pi_r - \gamma\pi_{md}) \end{cases} \tag{4-5}$$

其中，λ_1，$\lambda_2 \in (0, 1)$ 分别为零售商、制造商的公平关切系数，π_{md} 表示制造商在传统销售渠道获得的利润。$\mu \in (0, 1)$ 表示制造商在利润和市场份额之间的商业平衡系数。当零售商或制造商的利润大于（小于）利润参考依赖点时，效用增加（减少）。

制造商的市场份额用 L_m 表示为

$$L_m = \frac{D_m p_m}{D_m p_m + D_r p_r} \tag{4-6}$$

令 $e_1 = D_m p_m$，$e_2 = D_r p_r$，对 L_m 求 e_1 的一阶偏导数得

$$\frac{\partial L_m}{\partial e_1} = \frac{\sum_{j=1}^{2} e_j - e_1}{(e_1 + e_2)^2} > 0 \tag{4-7}$$

由上述一阶偏导数大于零，说明制造商的销售额与其市场份额的变化趋势相同，因此可以用销售额替代市场份额进行相关分析。（Li 和 Ma，2015）

4.2 Stackelberg 模型

在现实中，制造商通常比零售商拥有更大的渠道势力，因此制造商通常在市场竞争中占据领导者位置，而零售商为追随者，此博弈过程形成的均衡称为 Stackelberg 纳什均衡。在博弈中，制造商首先制定批发价格 w 和网络直销价格 p_m，零售商在参考制造商价格策略的基础上制定自身的价格竞争策略。

4.2.1 单周期价格博弈模型

通常用逆序求解法得出 Stackelberg 博弈的均衡解，其求解过程可表述如下：

（1）零售商的决策

零售商会根据制造商制定的批发价格和网络直销价格制定自身的价格策略。对零售商的效用函数求零售商价格 p_r 的一阶导函数得。

$$\frac{\partial u_r}{\partial p_r}=a\theta(\lambda_1+1)+b_1(-c\lambda_1-2(\lambda_1+1)p_R+2\lambda_1 w+w)+k(\lambda_1+1)p_m \tag{4-8}$$

零售商效用函数对 p_r 的二阶导函数为：$\frac{\partial^2 u_r}{\partial {p_r}^2}=-2b_1(\lambda_1+1)<0$，说明零售商的效用函数方程为凹函数，且存在唯一的最大值。

令零售商效用方程的一阶导函数为零，可得零售商最优的价格反应函数

$$p_r^*=\frac{a\theta\lambda_1+a\theta-b_1c\lambda_1+2b_1\lambda_1 w+b_1 w+k\lambda_1 p_m+kp_m}{2b_1(\lambda_1+1)} \tag{4-9}$$

通过以上求导，可以判断制造商的批发价格和网络直销价格对零售商销售价格的影响。由公式（4-9）分别对 w、p_m 求导可得

$$\begin{cases}\dfrac{\partial p_r^*}{\partial w}=\dfrac{1+2\lambda_1}{2+2\lambda_1}>\dfrac{1}{2}\\[2ex] 0<\dfrac{\partial p_r^*}{\partial p_m}=\dfrac{k}{2b_1}<\dfrac{1}{2}\end{cases}\tag{4-10}$$

由不等式（4-10）可知，制造商两个价格决策变量 w、p_m 与 p_r 变化趋势相同，即随着 w，p_m 的增大而增大。更确切地说，当 w 增加一单位时，p_r 增加的幅度大于半个单位；当 p_m 减小一个单位时，p_r 减小的幅度小于半个单位。因此，零售商的价格决策会受到制造商价格决策的影响。

（2）制造商的决策

将 p_r^* 代入制造商的效用方程中，可得

$$u_m^*(w,\ p_m,\ p_r^*)=\mu\pi_m+(1-\mu)L_m-\lambda_2(\pi_r-\gamma\pi_{md})\tag{4-11}$$

由上式效用函数，分别对 w，p_m 求一阶导数，可得

$$\begin{cases}\dfrac{\partial u_m^*}{\partial w}=\left(\dfrac{1}{2(1+\lambda_1)^2}(a\theta(1+\lambda_1)^2(\lambda_2+\gamma\lambda_2+\mu))+A_0+A_1\right)\\[2ex] \dfrac{\partial u_m^*}{\partial p_m}=\left(-\dfrac{1}{2(1+\lambda_1)}(k^2(1+\lambda_1)(p_m(-2+\lambda_2)+c\mu))+A_2+A_3+A_4\right)\end{cases}\tag{4-12}$$

其中，

$A_1=k(\lambda_1+1)(\{p_m[(\lambda_1+1)(\gamma\lambda_2+\lambda_2+\mu)]+2\lambda_1+1\}-c\mu(2\lambda_1+1))$，

$A_2=a(1+\lambda_1)[2b_1(\theta-1)+k\theta(\lambda_2-1)]$，

$A_3=-2b_2(1+\lambda_1)(2p_m-c\mu)-ck[\gamma\lambda_2+\mu+\lambda_1(1+\gamma\lambda_2+\mu)]$，

$A_4=w[(\lambda_1+1)(\gamma\lambda_2+\lambda_2+\mu)+2\lambda_1+1]$。

制造商在制定决策时应该考虑自身的效用方程是否存在最大值，即判断其效用方程是否为凹函数。制造商的效用函数的 Hessian 矩阵由其效用函数的二阶导数和二阶偏导数组成，具体如下：

$$H_{u_m}=\begin{bmatrix} -\frac{b_1(2\lambda_1+1)(\lambda_2(2\gamma(\lambda_1+1)+1)+2(\lambda_1+1)\mu)}{2(\lambda_1+1)^2} & \frac{k(\lambda_1(\gamma\lambda_2+\lambda_2+\mu+2)+\gamma\lambda_2+\lambda_2+\mu+1)}{2(\lambda_1+1)} \\ \frac{k(\lambda_1(\gamma\lambda_2+\lambda_2+\mu+2)+\gamma\lambda_2+\lambda_2+\mu+1)}{2(\lambda_1+1)} & -\frac{4b_1b_2+k^2(\lambda_2-2)}{2b_1} \end{bmatrix} \tag{4-13}$$

公式（4-13）中，根据前文对参数的限制，可以观察出其一阶主子式小于零，即 $-\frac{b_1(2\lambda_1+1)(\lambda_2(2\gamma(\lambda_1+1)+1)+2(\lambda_1+1)\mu)}{2(\lambda_1+1)^2}<0$。当 $b_1>\frac{(k^2((\lambda_1(\gamma\lambda_2+\lambda_2+\mu+2)+\gamma\lambda_2+\lambda_2+\mu+1)^2-A_5)}{(4b_2(2\lambda_1+1)A_6}$时，矩阵二阶主子式大于零，此时 Hessian 矩阵是负定矩阵，故其存在唯一的最大值。

令 $\frac{\partial u_m^*}{\partial w}=\frac{\partial u_m^*}{\partial p_m}=0$，可以得到制造商最优反应方程（$w^*$，$p_m^*$）。将（$w^*$，$p_m^*$）代入方程（4-9），可得零售商的最优反应 p_r^*。

4.2.2 动态的 Stackelberg 博弈模型

在现实的市场博弈中，市场竞争者由于各种原因并不能在一个博弈周期内获得决策需要的全部信息，如决策者的智力限制、收集处理信息的能力，甚至是竞争对手设置的障碍等，这些因素都会对决策者信息的收集产生影响。因此，可以假设市场中的制造商和零售商为有限理性决策者，为了追求利润最大化、市场份额等商业目标，制造商和零售商必须调整自身价格策略以占据竞争有利地位。竞争者在制定下周期的价格策略时，通常以本期的边际效用的大小为依据。当本期的边际效用为正时，竞争者会在下周期提高价格；当本期的边际效用为负时，竞争者会在下周期降低价格。因此，离散的动态博弈模型可以表示如下：

$$\begin{cases} w(t+1)=w(t)+\alpha_1 w(t)\frac{\partial\ U_m^*(t)}{\partial\ w(t)} \\ p_m(t+1)=p_m(t)+\alpha_2 p_m(t)\frac{\partial\ U_m^*(t)}{\partial\ p_m(t)} \end{cases} \tag{4-14}$$

其中 $\alpha_i>0$，（$i=1$，2）表示竞争者的价格调整速度，将 $\frac{\partial U_m^*(t)}{\partial w(t)}$，$\frac{\partial u_m^*(t)}{\partial p_m(t)}$ 分别代入上式得

$$\begin{cases} w(t+1)=w(t)+\alpha_1 w(t)\left(\frac{1}{2(1+\lambda_1)^2}(a\theta(1+\lambda_1)^2(\lambda_2+\gamma\lambda_2+\mu))+a_0+a_1\right) \\ p_m(t+1)=p_m(t)+\alpha_2 p_m(t)\left(-\frac{1}{2(1+\lambda 1)}(k^2(1+\lambda_1)(p_m(-2+\lambda_2)+c\mu))+a_2+a_n+a_4\right) \end{cases}$$

（4-15）

公式（4-15）描述了制造商的价格调整机制。零售商的价格决策会受到 $w(t)$、$p_m(t)$ 的影响，此时零售商的价格决策模型如下：

$$p_r^*(t)=\frac{a\theta\lambda_1+a\theta-b_1c\lambda_1+2b_1\lambda_1w(t)+b_1w(t)+k\lambda_1p_m(t)+kp_m(t)}{2b_1(\lambda_1+1)}$$

（4-16）

令 $w(t)=w(t+1)$，$p_m(t)=p_m(t+1)$，可得到系统（4-15）的四个均衡点

$E_1=(0,\ 0)$，

$E_2=(0,\ a(\lambda_1+1)(2b_1(\theta-1)+\theta k(\lambda_2-1))+A_7/(\lambda_1+1)(k^2\ (2-\lambda_1)-4b_1b_2))$，

$E_n=\left(\frac{A_8+A_9}{b_1(2\lambda_1+1)(\lambda_2(2\gamma(\lambda_1+1)+1)+2(\lambda_1+1)\mu)},\ 0\right)$，

$E_4=(w^*,\ p_m^*)$。

其中，

$A_7=c\ (b_1(k(\gamma\lambda_1\lambda_2+\gamma\lambda_2+\lambda_1\mu+\lambda_1+\mu)-2b_2(\lambda_1+1)\mu)+k^2(\lambda_1+1)\mu))$，

$A_8=(\lambda_1+1)(a\theta(\lambda_1+1)(\gamma\lambda_2+\lambda_2+\mu)-ck(2\lambda_1+1)\mu)$，

$A_9=b_1c(\gamma(3\lambda_1{}^2+4\lambda_1+1)\lambda_2+\lambda_1{}^2(-(\lambda_2-3\mu))+4\lambda_1\mu+\mu)$。

根据以上均衡点进而可求出相应零售商的价格均衡点（p_{1r}^E，p_{2r}^E，p_{3r}^E，p_{4r}^E），其中 $p_{4r}^E=p_r^*$。从以上可以明显地看出 E_1、E_2、E_3 均为边界点，即

系统的不稳定均衡点，本节不再对边界点进行稳定性分析。下面主要分析系统中唯一的纳什均衡点 E_4 的稳定性。

首先给出系统（4-15）的 Jacobian 矩阵：

$$J=\begin{bmatrix} 1+\alpha_1 f_1 & \dfrac{\alpha_1 w\left(k\left(\lambda_1\left(\gamma\lambda_2+\lambda_2+\mu+2\right)+\gamma\lambda_2+\lambda_2+\mu+1\right)\right)}{2\left(\lambda_1+1\right)} \\ \dfrac{\alpha_2 w\left(k\left(\lambda_1\left(\gamma\lambda_2+\lambda_2+\mu+2\right)+\gamma\lambda_2+\lambda_2+\mu+1\right)\right)}{2\left(\lambda_1+1\right)} & 1+\alpha_2 f_2 \end{bmatrix} \tag{4-17}$$

其中，

$$f_1=\left(\frac{1}{2(1+\lambda_1)^2}(a\theta(1+\lambda_1)^2(\lambda_2+\gamma\lambda_2+\mu))+A_{10}+A_1\right),$$

$$f_2=\left(-\frac{1}{2(1+\lambda_1)}(k^2(1+\lambda_1)(2p_m(-2+\lambda_2)+c\mu))+A_2+A_{11}+A_4\right),$$

$A_{10}=b_1((2\lambda_1+1)2w(\lambda_2(2\gamma(\lambda_1+1)+1)+2(\lambda_1+1)\mu)-c(\gamma(3\lambda_1^2+4\lambda_1+1)\lambda_2+\lambda_1^2(-(\lambda_2-3\mu))+4\lambda_1\mu+\mu))$,

$A_{11}=(-2b_2(1+\lambda_1)(4p_m-c\mu)+k(-c(\gamma\lambda_2+\mu+\lambda_1(1+\gamma\lambda_2+\mu))$。

此时，系统（4-15）的 Jacobian 矩阵对应的特征多项式如下：

$$F(\lambda)=\lambda^2-b_0\lambda+b_1 \tag{4-18}$$

系统均衡点的稳定域必须满足所有的特征值都在其复平面的单位圆内，即所有特征值必须小于 1，根据 Jury 判据：

$$\begin{cases} F(1)=1+B_0+B_1>0 \\ F(-1)=1-B_0+B_1>0 \\ F(0)=1-B_1>0 \end{cases} \tag{4-19}$$

其中，B_0、B_1 分别表示 Jacobian 矩阵的迹和行列式，根据均衡点稳定性的条件，可以得出以 α_1、α_2 为横纵坐标轴均衡点的稳定域。下节将采用数值仿真方法研究竞争者的长期动态行为和系统的复杂性特征。

4.3 数值仿真

本节采用数值仿真方法，研究不同参数组合下，寡头竞争者动态博弈行为及系统复杂性特征，更深层次地分析双渠道供应链中价格博弈的演化过程。根据现实市场竞争情况，选取系统的各参数初始值如下：$a=100$，$\theta=0.6$，$b_1=2$，$b_2=1$，$k=0.5$，$\gamma=0.6$，$c=10$。

4.3.1 系统的稳定域

当 $\lambda_1=\lambda_2=0.2$ 时，依次使 $\mu=0.4$、0.6、0.9，系统对应的稳定域如图 4-2 所示。由图 4-1 可以看出，系统稳定域随着 μ 的减小而增大，其均衡点的稳定域有较大程度的扩大，表明市场竞争更为激烈。所以，制造商增加市场份额权重时，系统的稳定域会减小，系统均衡点越容易失去稳定性。

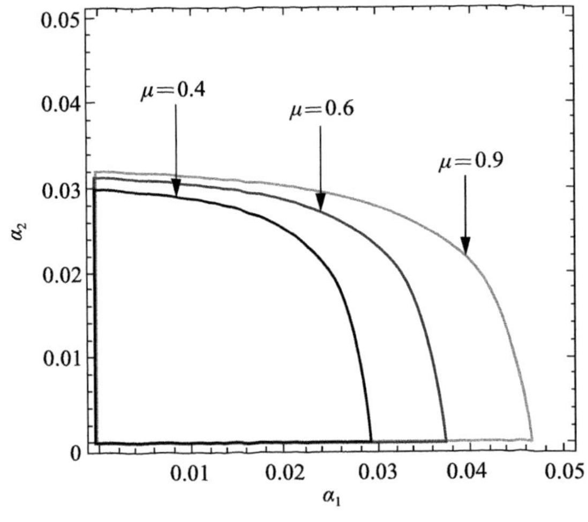

图 4-2　系统随 μ 变化的稳定域

令 $\mu=0.6$，$\lambda_2=0.2$，依次使 $\lambda_1=0.2$、0.5、0.9，系统所对应的稳定域如图 4-3 所示。随着零售商公平关切水平的提高，系统稳定域变小，代表决策者的价格调整范围变小。同理，令 $\lambda_2=0.2$、0.5、0.9，系统所对应的稳定域如图 4-4 所示。随着 λ_2 的增大，系统的稳定域依次减小，故随着制造商的公平关切水平的提高，系统的稳定性降低。

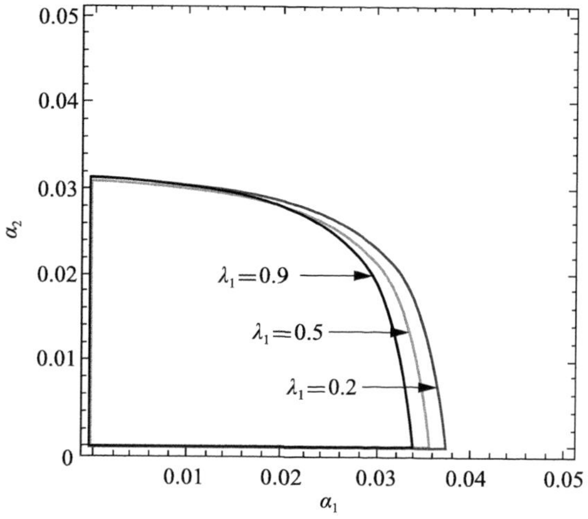

图 4-3 系统随 λ_1 变化的稳定域

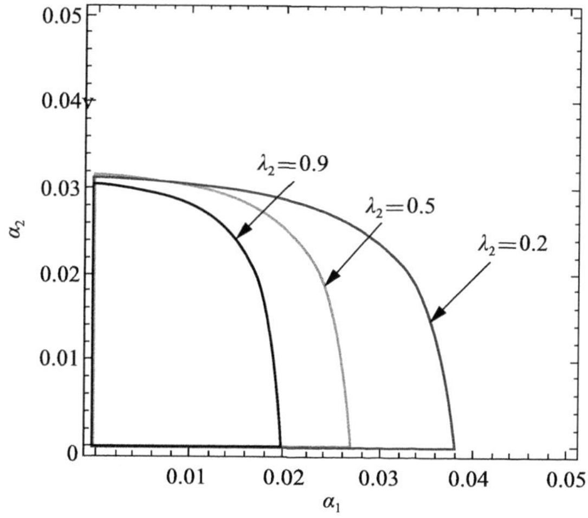

图 4-4 系统随 λ_2 变化的稳定域

从以上分析可知，随着决策者商业目标的平衡系数的增加，系统的稳定域缩小；随着制造商和零售商的公平关切水平的增加，系统的稳定域随之降低。系统稳定域的缩小代表着系统的稳定性降低，系统抵御外部环境变化的能力有所减弱。这种现象对于决策者来说是其不愿看到的。因此，对于制造商和零售商而言，应该在合作的基础上合理地确定商业目标的平衡系数和公平关切系数，这样不仅保持了系统的稳定，而且有益于制造商和零售商在市场竞争中获得稳定的效用。

图 4-5 中，令 $\mu=0.6$，$\lambda_1=0.2$，$\lambda_2=0.2$，可以得出此情况下的 Stackelberg 均衡点为 $w^*=28.35$，$p_m^*=34.01$，进而得出 $p_r^*=34.95$。图4-5左边图形展示了系统价格随 α_2 变化的演化过程。当 α_2 取值较小时，系统价格稳定在均衡点，系统处于稳定状态；随着 α_2 的增大，当 $\alpha_2=0.028$ 时，系统价格出现分岔，伴随着 α_2 的逐渐增大，价格会经历倍周期分岔，最后系统进入混沌状态。此时，价格变得无规律且不可预测。对应的李雅普诺夫指数在系统处于稳定时小于零，第一次系统分岔时等于零；当系统陷入混沌状态时，李雅普诺夫指数大于零。图 4-6 和图 4-7 为在其他参数保持不变的情况下，仅改变 λ_2 的取值，系统随 α_2 变化的价格演化图。在图 4-6 中，$\lambda_2=0.6$ 时，系统第一次分岔在 $\alpha_2=0.024$，经历二周期分岔后直接进入混沌状态；即此时系统价格先发生 flip 分岔，然后经过 Neimark-Sacker 分岔进入混沌状态。相比图 4-5 中的情景，系统有以下几个变化：①制造商公平关切水平的提高使系统的均衡价格降低，即 w^*、p_m^* 减小；因为 p_r^* 与 w^*、p_m^* 变化趋势相同，故 p_r^* 减小。②制造商的公平关切水平越高，系统越容易失稳。③在二周期时，价格波动相对剧烈，幅度较大，这不利于市场竞争者实现商业目标。

图 4-7 为 $\lambda_2=0.9$ 时，系统价格的演化过程。可以看出，当价格在 $\alpha_2=0$ 时，系统进入二周期状态，随后经历 Neimark-Sacker 分岔；当 $\alpha_2\geqslant 0.029$ 时，系统陷入混沌状态，即当制造商的公平关切水平过高时，系统极易失稳陷入混沌状态，不利于市场经营者获得较高

的绩效。

结论：价格调整系数过大时，不利于系统的稳定，会使系统陷入混沌状态；制造商考虑公平关切不利于系统的稳定，且公平关切水平越高，系统越容易失稳陷入混沌状态，不利于市场高效率的运营，不利于竞争者制定长期策略和实现商业目标。本部分不再讨论 α_1 变化的情形，其分析方法和结论与上述相同。

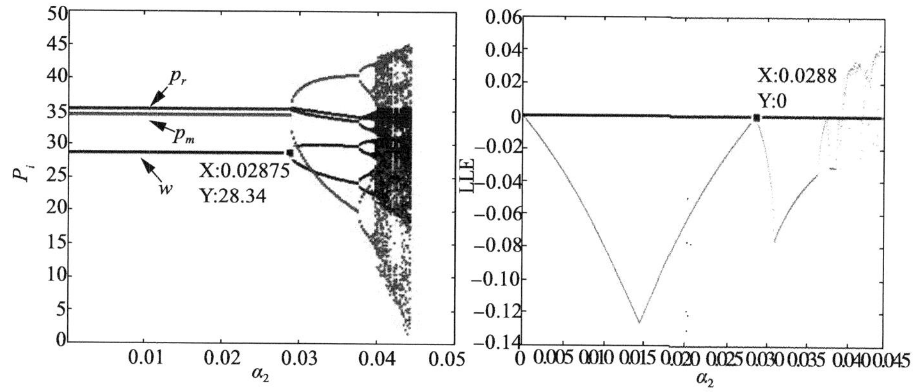

图 4-5　当 $\mu=0.6$，$\lambda_1=0.2$，$\lambda_2=0.2$ 时，系统价格演化和李雅普诺夫指数

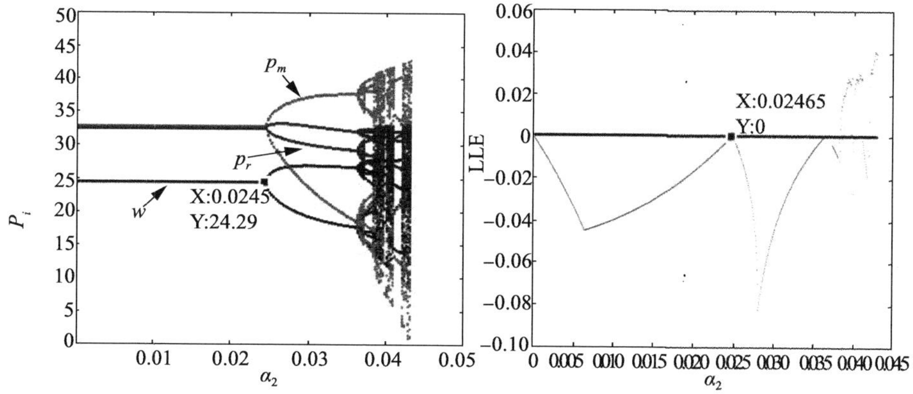

图 4-6　当 $\mu=0.6$，$\lambda_1=0.2$，$\lambda_2=0.6$ 时，系统价格演化和李雅普诺夫指数

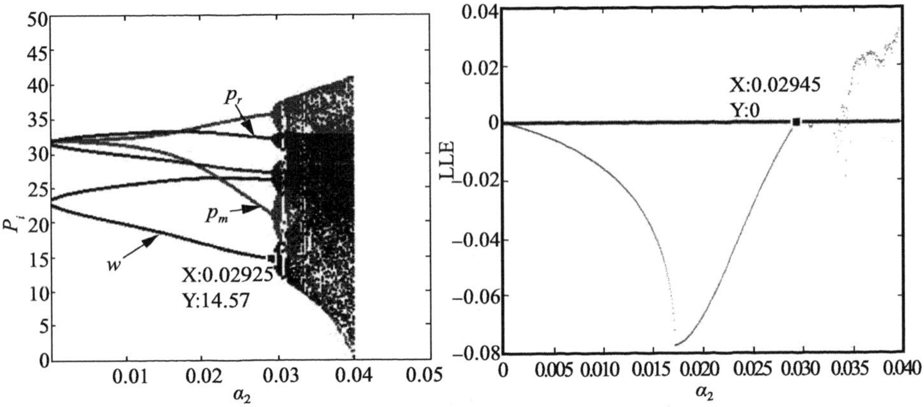

图 4-7　当 $\mu=0.6$，$\lambda_1=0.2$，$\lambda_2=0.9$ 时，系统价格演化和李雅普诺夫指数

当系统价格处于稳定状态时，市场竞争者通过调整价格，使系统最后稳定在系统的均衡点并获得最大利润。当价格经历周期波动时，如二周期、四周期、八周期等，市场竞争者根据价格波动规律预测自身下周期的价格，此时价格在固定的几个点之间往复循环。但系统处于混沌状态后，市场变得无序和不可预测，仅仅依靠系统初始值进行价格竞争很难实现商业目标。通常在供应链系统中，混沌状态不利于供应链竞争者获得较高的绩效，但不排除会出现零售商处于混沌状态比稳定状态获得更高利润的情景，即零售商处于稳定混沌状态更容易提高利润，实现自身经营目标。下文对此进行详细说明。

图 4-8 为系统处于不同周期的吸引子。图 4-8（a）是 $\alpha_1=0.02$，$\alpha_2=0.038$ 时，系统处在四倍周期分岔状态下的吸引子，此时系统已经表现出不稳定的运动轨迹。图 4-8（b）的吸引子为极限环，表明系统价格处于拟周期状态，此时存在等于零的李雅普诺夫指数。图 4-8（c）为混沌吸引子，其发生弯曲折叠形态，呈现分层结构，系统的运行轨迹复杂而不确定，表明系统处于混沌状态。

图 4-9 描述了零售商和制造商价格博弈的时间序列，图 4-9（a）是价格处于四周期状态的价格时间序列，此时价格有规律地进行周期波动，市场竞争者可以预测未来周期内的价格变化趋势，且图 4-8（a）吸引子的状态与此相对应。当 $\alpha_1=0.02$，$\alpha_2=0.04$ 时，系统价格无规则地剧烈波动，奇异吸引子的出现说明系统陷入了混沌。

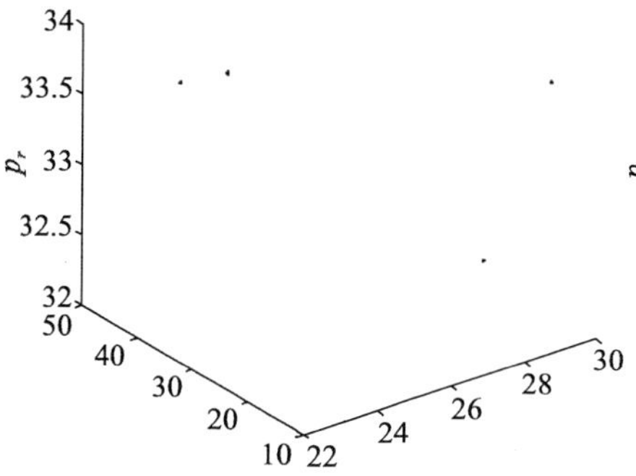

（a）α_1=0.02，α_2=0.038

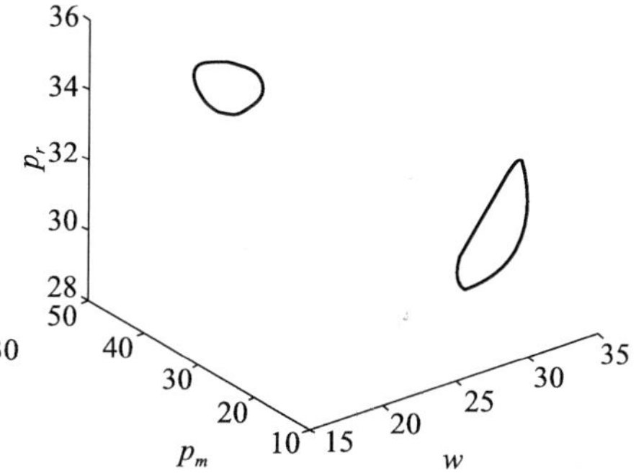

（b）α_1=0.03，α_2=0.035

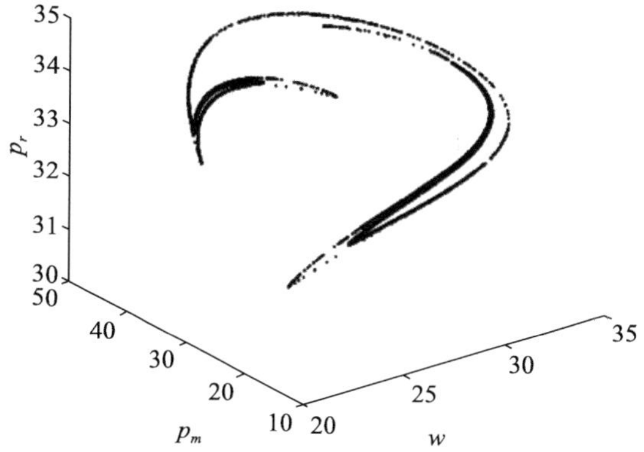

（c）α_1=0.02，α_2=0.04

图 4-8　系统的吸引子

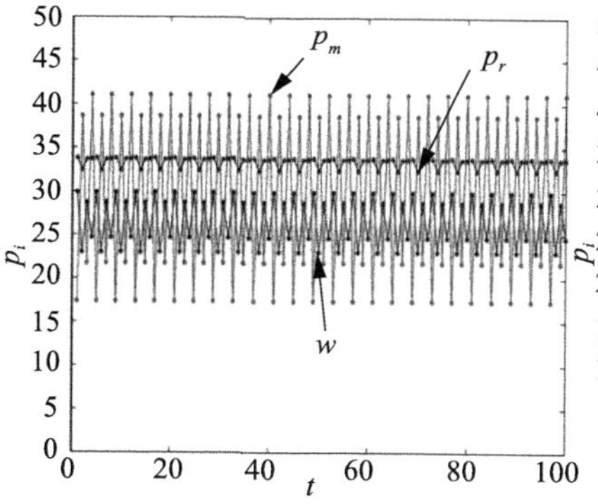

（a）α_1=0.02，α_2=0.038

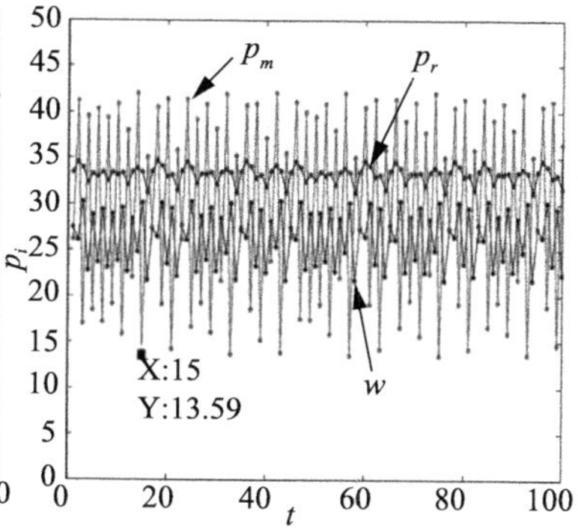

（b）α_1=0.02，α_2=0.04

图 4-9　价格博弈的演化过程

图4-10描述了混沌系统的另一个重要复杂性特征——初始值敏感性，即系统的初始值发生微小的变化，就会引起系统运营和输出结果的巨大变化。图4-10（a）展示了在其他参数值不变的情况下，仅使 p_m 变动0.01，系统价格轨迹与初始值轨迹的差异。当系统价格经历大约10多次迭代后，其运行轨迹发生较大变化，图4-10（b）中系统处于混沌状态，初始值微小的变化使价格演化轨迹与初始值轨道严重偏离。故市场竞争者在进入市场竞争时，要谨慎决策产品的初始价格，避免市场陷入混沌状态。

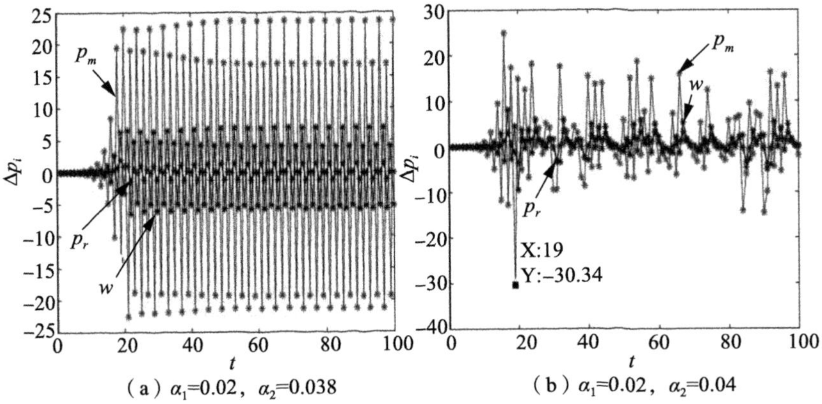

图4-10　系统的敏感依赖性，（w，p_m，p_r）=（28.35，34.01，34.95）和（28.35，34.02，34.95）

4.3.2　参数值对平均利润的影响

利润既是市场竞争者的主要经营目标之一，平均利润也是衡量供应链绩效的重要指标且是商业研究的关注点。

图4-11为市场竞争者的平均利润随价格调整速度的变化图，图中灰色曲线代表制造商平均利润的变化情况，黑色曲线代表零售商平均利润的变化情况。观察图4-11（a）和图4-11（b）可知，无论是制造商批发价格还是网络直销价格，只要调整速度较大时都会导致制造商的平均利润降低。随着价格调整速度增大，系统陷入混沌，零售商的平均利润相比稳定状态的平均利润提高，即系统处于混沌时会降低制造商的利润；但有利于

零售商的利润提高。因此，零售商在运营过程中尽力使系统陷入混沌状态，从而使自身处于有利的竞争地位。

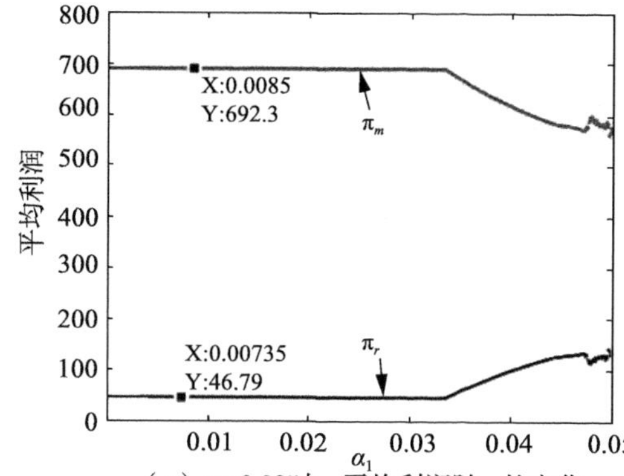

（a）α_2=0.02时，平均利润随α_1的变化

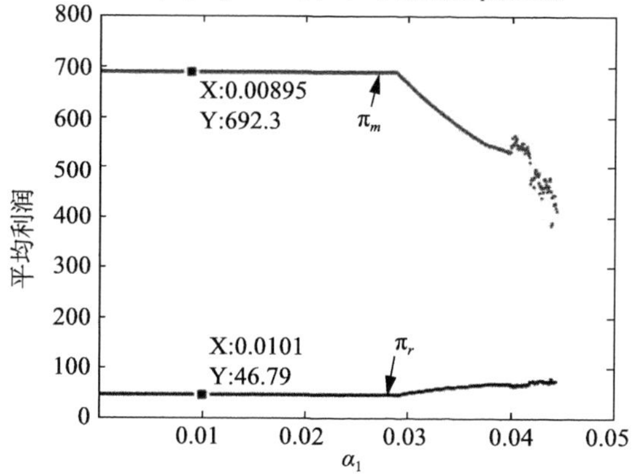

（b）α_1=0.02时，平均利润随α_2的变化

图 4-11　价格调整速度 α_i（i=1，2）对平均利润的影响

图 4-12 描述了其他参数不变时，平均利润随公平关切水平变化的情景。图 4-12（a）中，零售商和制造商的平均利润均随零售商公平关切水平的提高而降低，即零售商的公平关切行为会降低整个供应链的绩效，造成供应链上的利润损失。图 4-12（b）展示了平均利润随制造商公平关切水平变化的情景。当 λ_2<0.2 时，零售商和制造商的平均利润随制造商的公平关切水平的提高而提高；但当 λ_2>0.2 时，制造商的平均利润随公平关切水平的提高而降低，零售商的利润依然与公平关切水平变化趋势相

同。即制造商低水平的公平关切行为有利于自身利润的增加和整个供应链绩效的提高；过高的公平关切水平不利于自身利润的获得，但有利于零售商利润的增加。

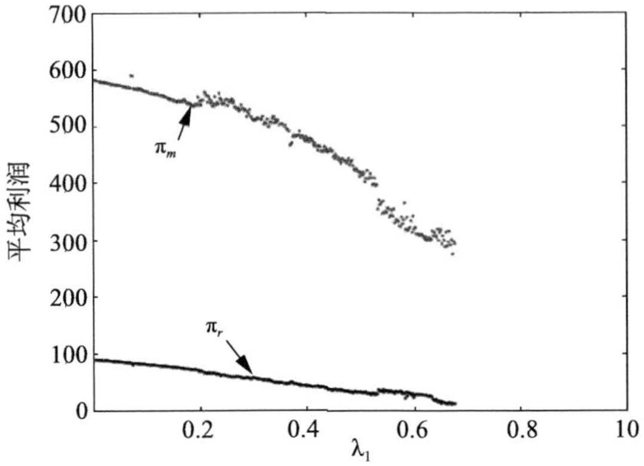

（a）竞争者平均利润随λ_1的变化

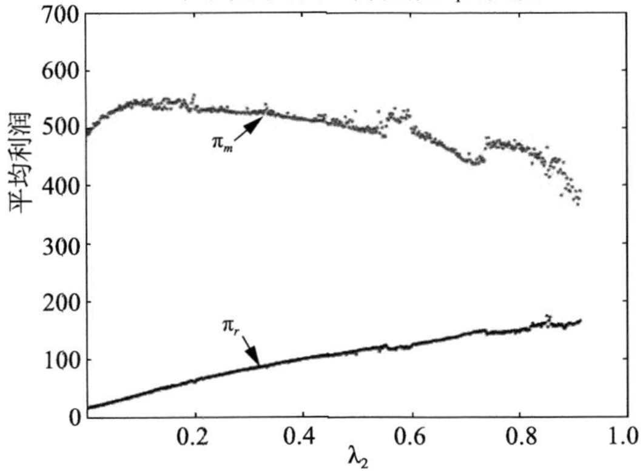

（b）平均利润随λ_2的变化

图 4-12　$\alpha_1=0.02$，$\alpha_2=0.04$，公平关切水平对竞争者平均利润的影响

4.3.3　不同参数值组合对利润的影响

本小节主要考虑不同价格调整速度和公平关切水平的参数值组合对寡头企业利润的影响，全面分析了不同参数组合对供应链绩效的综合影响，揭示市场竞争者商业行为对供应链运营管理的影响。

图 4-13 为利润随 α_i（$i=1$，2）、λ_i（$i=1$，2）同时变化的利润图，

用三维网格图形立体展现了利润随两个参数变化情景。X 轴、Y 轴分别表示公平关切水平和价格调整速度的取值范围，Z 轴表示企业获得的利润值。

图 4-13（a）和图 4-13（c）是关于零售商利润变化的三维变化图。通过观察图形可知，在零售商的公平关切水平较低和制造商的价格调整速度较大时，零售商获得的利润最高；反之，在公平关切水平和价格调整速度均取较大值时，不利于零售商的利润获得，零售商的利润甚至为负值，存在亏损现象。图 4-13（b）和图 4-13（d）为制造商的利润变化图。由图 4-13（b）可知，制造商利润的最大值在较低公平关切水平和较大的批发价格调整速度参数组合处。由上述分析可知，较大的批发价格调整速度对制造商不利。但综合考虑公平关切行为和价格调整速度时，制造商维持低水平的公平关切和较高的价格调整速度，当系统处于混沌状态时，价格调整速度越大（价格调整速度不能过大而导致市场溢出，此时有竞争者退出市场），制造商获得的利润越高。图 4-13（d）中，较高水平的公平关切和较小的网络直销价格调整速度有利于制造商获得较高的利润。综上所述，过大的价格调整速度使系统进入混沌状态，此时利润波动剧烈，且大部分利润低于系统稳定时的利润水平，甚至存在较大亏损。故系统处于混沌状态时，不利于企业的长期经营和管理。因此，市场竞争者应该把价格调整速度控制在合理范围内。

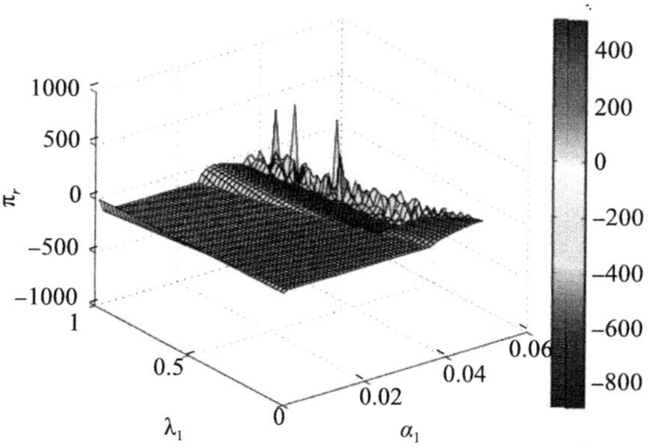

（a）零售商的利润随α_1、λ_1变化

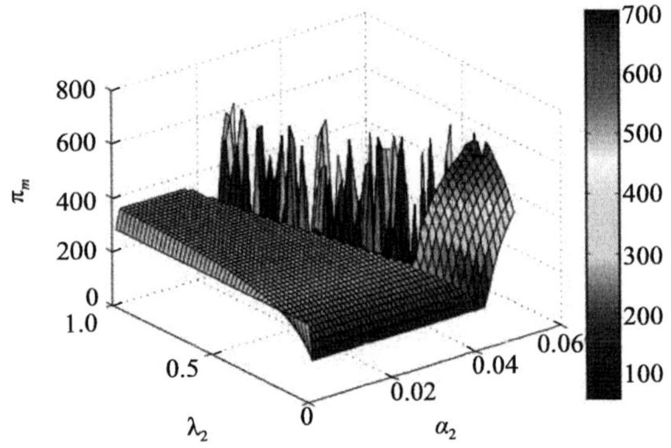

（b）制造商的利润随α_2、λ_2变化

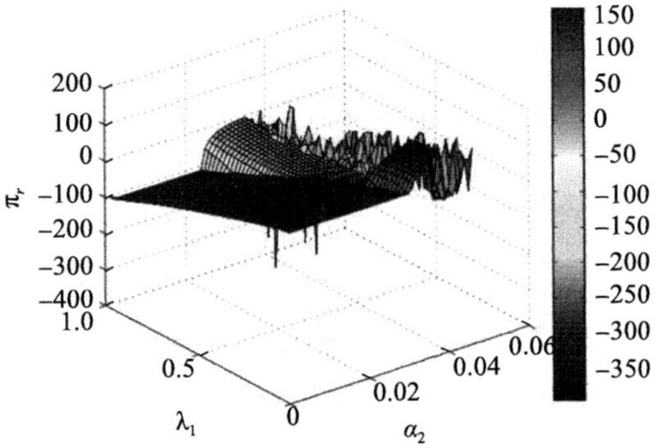

（c）零售商的利润随α_2、λ_1变化

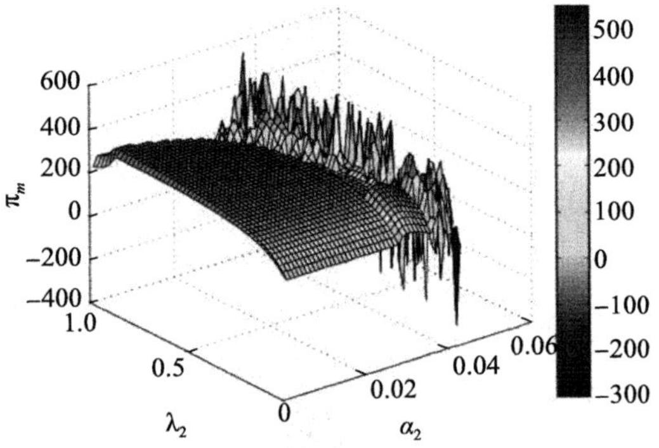

（d）制造商的利润随α_2、λ_2变化

图 4-13　系统利润随 $\boldsymbol{\alpha_i}$（i=1，2）、$\boldsymbol{\lambda_i}$（i=1，2）的变化

4.4 混沌控制

市场竞争者都希望能够实现自身的商业目标，但当系统处于混沌状态时，市场运行状态不可预测，市场效率降低，不利于企业制定长期的商业策略和提高运营绩效。因此，竞争者都有防止市场陷入混沌状态的动机，故必须采取一定的措施抑制混沌的发生，从而使系统恢复平稳状态。

目前为止，变量反馈控制方法的运用较为广泛，马军海等分别在保险市场和供应链系统中运用此方法对混沌进行了有效控制。本章的系统混沌控制模型如下：

$$\begin{cases} w(t+1)=w(t)+\alpha_1 w(t)\dfrac{\varphi u_m^*}{\varphi w(t)}-vw(t) \\ p_m(t+1)=p_m(t)+\alpha_2 p_m(t)\dfrac{\varphi u_m^*}{\varphi p_m(t)}-vp_m(t) \end{cases} \tag{4-20}$$

可将上述公式转换如下：

$$\begin{cases} w(t+1)=\alpha_1 w(t)\left(\dfrac{1}{2(1+\lambda_1)^2}(a\theta(1+\lambda_1)^2(\lambda_2+\gamma\lambda_2+\mu))+A_0+A_1\right)+w(t)-vw(t) \\ p_m(t+1)=\alpha_2 p_m(t)\left(-\dfrac{1}{2(1+\lambda 1)}(k^2(1+\lambda_1)(p_m(-2+\lambda_2)+c\mu))+A_2+A_3+A_4\right) \\ +p_m(t)-vp_m \end{cases} \tag{4-21}$$

其中，v 代表市场竞争者学习和市场适应能力，当 v 取适当的参数值时可以有效地抑制系统混沌的发生，使系统保持在稳定状态。

图 4-14 展示了系统随 v 变化的价格演化和相应的最大李雅普诺夫指数。随着 v 的增大，系统从混沌恢复到稳定状态，其对应的最大李雅普诺夫指数从正值变为负值，验证了系统无混沌现象。图 4-15（a）展示了当 $v=0.2$ 时，系统价格处于二周期状态，与混沌状态相比其价格波动范围较小且具有规律性；图 4-15（b）展示了当 $v=0.38$ 时，价格在均衡点不再变化，表明价格在均衡点达到稳定状态。此方法能有效地抑制系统进入混沌状态。

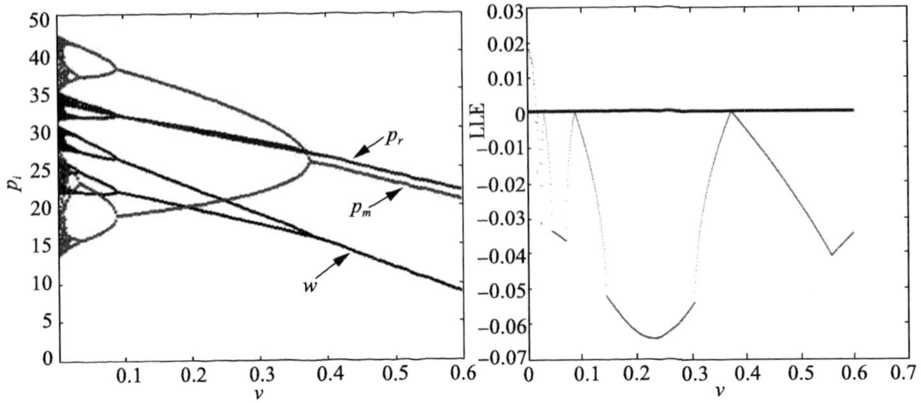

（a）分插　　　　（b）LLE

图 4-14　当 $\alpha_1=0.02$，$\alpha_2=0.04$ 时，混沌控制过程和最大李雅普诺夫指数（LLE）

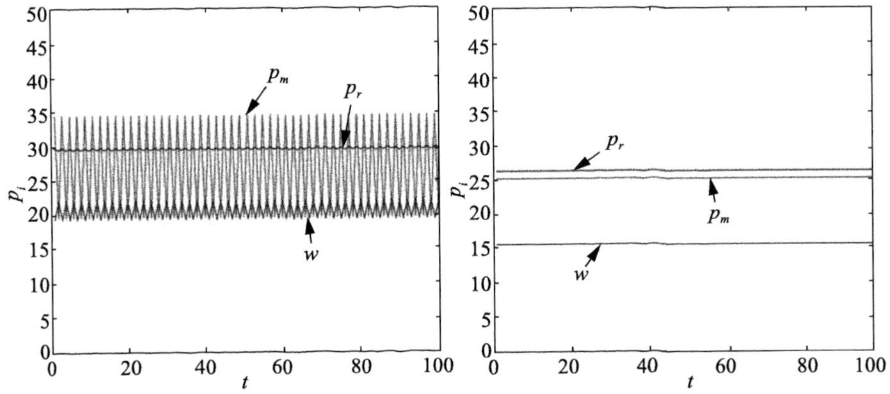

（a）v=0.2　　　　（b）v=0.38

图 4-15　当 $\alpha_1=0.02$，$\alpha_2=0.04$ 时的价格时间序列

4.5 结论

本章考虑决策者的商业目标和公平关切行为，研究了由一个双渠道制造商和一个传统零售商组成的双渠道供应链。通过建立动态 Stackelberg 博弈模型，首先，分析了动态系统均衡解的稳定情况；其次运用博弈理论和混沌理论，着重分析了决策者在市场竞争中所表现出的动态博弈行为和复杂性特征；再次分析了商业目标系数和公平关切系数对系统效用的影响；最后，文章对系统表现出的混沌现象进行了有效地控制。本章主要结论如下：

（1）市场份额作为制造商的部分商业目标时，不利于系统均衡点的稳定性，同时使市场竞争更加激烈。

（2）制造商的价格调整速度过大时，系统陷入混沌状态，制造商的利润降低，而零售商的利润增加；说明系统混沌时，零售商有较大的竞争优势，可见混沌对市场竞争者的影响不尽相同。

（3）制造商的公平关切水平越高，系统越容易陷入混沌状态。零售商的公平关切行为会降低整个供应链的绩效，造成供应链上的利润损失。

（4）低水平的公平关切和较大的价格调整速度参数组合有利于零售商利润的获得，制造商的较高利润获得水平可在低水平的公平关切、较大的批发价格调整速度和较小的网络直销价格调整速度参数组合下实现。

4.6 现实启示

现实中，零售商因缺少行业制造商强大的渠道势力和定价能力，故在市场竞争处于弱势地位。当制造商建立网络直线渠道时，其较低的网络直销价格和传统渠道销售价格间存在冲突，尤其制造商关注市场份额和存在公平关切行为时，市场竞争会更加激烈，这对下游传统零售商极为不利。通常情况下，零售商会有大量囤货，会增加其运营成本和经营风险。因此，零售商需要和制造商制定收益共享契约或进行“讨价还价”博弈，以降低批发价格，进而提高自身盈利能力。另外，零售商可以提供增值服务、进行广告宣传等商业策略提高自身影响力。在制造商和零售商都存在公平关切行为下，零售商在每一个博弈周期内，应该保持较高的价格调整速度，从而有利于自身利润的提高；而制造商较高的价格调整速度不利于自身利润的提高，同时会造成市场竞争的无序，故制造商合理的控制价格调整速度有利于整个市场的高效有序运营。

第五章

基于公平关切和不同业务目标的双渠道供应链复杂性分析

本章主要探讨由一个双渠道制造商和一个传统零售商组成的双渠道供应链。在该类供应链中，制造商和零售商都具有公平关切行为。除此之外，制造商还将市场份额作为其在市场竞争中所要考虑的因素。本章首先建立了一个垂直的纳什博弈模型；其次，采用复杂性理论方法分析模型的价格演化规律及其表现出的复杂动态行为；最后，采用自适应调节控制方法对系统表现出的混沌现象进行了有效地控制。结果表明，过高的价格调整速度不仅会损害供应链的稳定性，还会损害供应链中成员的效用。一个具有较高公平关切水平的零售商将导致系统提前进入混沌状态；而一个高水平的公平关切制造商将有助于扩大系统的稳定区域。制造商设定不同的目标将导致供应链中不同渠道间的激烈竞争。本章的研究对决策者的价格决策和供应链运营管理具有重要意义。

5.1 引言

如今，由于互联网技术和电子商务在中国发展迅速，越来越多的制造商和零售商建立起在线直接渠道。与传统销售渠道相比，在线直销渠道不仅可以降低运营成本，而且可以提供高质量的产品。除此之外，通过直销渠道，消费者不仅可以更方便选购商品，而且可以享受到折扣更大的优惠。

相关学者对双渠道供应链进行了大量的研究。一些学者研究了渠道结构对参与者的影响。例如，Ma 和 Xie（2016）构建了一个制造商和一个零售商组成的双渠道供应链，制造商在该供应链中拥有非对称和对称两种渠道权力。结果表明，在不对称渠道权力下，系统的稳定性更容易维持。考虑电子渠道的影响，Lu 和 Liu（2015）比较了单渠道和双渠道两种分销系统。结果表明，如果电子商务渠道的效率足够高，电子商务渠道可能主导分销系统。在两个单渠道和两个双渠道供应链背景下，Cai（2010）考察了渠道结构和渠道协调对供应商、零售商和整个供应链的影响。研究发现供应商和零售商对有协调和无协调的渠道结构的偏好是不同的。

相关学者对供应链中的价格策略和渠道结构等方面也进行了广泛研究。Chen 和 Wang（2015）研究了不同权力结构下智能手机供应链的渠道选择问题。研究发现渠道权力较高的企业能够在市场竞争中获得更高的利润。Liu 和 Xu（2015）的研究证明双通道协同定价能够有效地规避风险。Gao 等（2016）基于双渠道闭环供应链建立了三种价格模型，结果显示，当消费者对互联网渠道的接受程度提高时，批发价格和零售价格就会下降，而最佳的回收转让价格不会受到影响。Huang 和 Swaminathan（2009）研究了主导水平存在差异的四种常见的定价策略。Xu 等（2014）考察了协调契约对双渠道供应链的影响，并分析了零售商的价格决策。以上文献从渠道结构和价格策略两个方面对双渠道供应链进行了研究。然而，文献并没有考虑决策者行为特征对渠道结构和价格策略的影响。事实上，在寡头市场中，公司在实现利润最大化和扩大市场份额的同时，还有其他的业务目标。

然而，有关双渠道供应链中制造商和零售商同时考虑公平问题和不同商业目标，以及不同参数值组合下系统的稳定性和复杂性特征的论文却很少。本章考虑了一个制造商具有公平关切行为，以利润最大化和市场份额为决策目标，零售商具有公平关切行为，并以利润最大化为决策目标，建立了一个垂直的纳什博弈模型；利用混沌理论、混沌吸引子、二维周期图和初始条件的敏感性等方法，研究了不同参数条件下系统的复杂动力学行为。

5.2 模型假设和模型构建

本章建立的博弈模型基于以下假设：

（1）市场上消费者的需求符合线性需求函数。

（2）w 为每单位商品的批发价格；产品的边际成本为 c，并且 $w>c$。

（3）传统零售商在决策时只考虑利润最大化；制造商不仅考虑利润最大化，而且要兼顾市场份额。

根据上述假设，制造商和零售商的需求函数如下：

$$\begin{cases} D_r=\theta a-b_1p_r+kp_m \\ D_m=(1-\theta)a-b_2p_m+kp_r \end{cases} \tag{5-1}$$

其中，a 为潜在市场规模，$\theta\in(0,1)$ 表示客户对传统零售商渠道的忠诚度，θa 表示客户偏好传统零售商渠道的数量，而（$1-\theta$）a 表示客户偏好在线渠道的数量。另外，b_1、b_2 表示 D_r、D_m 的价格弹性，k 表示两个渠道之间的交叉价格敏感性，满足 $b_1>k$，$b_2>k$。

假设制造商和零售商的价格决策发生在离散时间内（$t=1, 2, 3, \cdots$），制造商和零售商在 t 期的价格是 $p_i(t)$，制造商和零售商的利润函数可表示为

$$\begin{cases} \pi_r(t)=[p_r(t)-w][\theta a-b_1p_r(t)+kp_m(t)] \\ \pi_m=(w-c)[\theta a-b_1p_r(t)+kp_m(t)]+[p_m(t)-c][(1-\theta)a-b_2p_m(t)+kp_r(t)] \end{cases} \tag{5-2}$$

Zhang 和 Ma（2016）给出了零售商的效用函数：

$$u_r=\pi_r-\beta\ (\pi_m-\pi_r) \tag{5-3}$$

其中，π_m、π_r 代表制造商和零售商的利润，β（0，1）表示公平关切系

数，公平感取决于制造商和零售商绝对利润的比较。

Pavlov 和 Kadok(2011)给出了零售商的公平效用函数，如下所示：

$$u_r(w,\ p)=\pi_r(w,\ p)+f_r(w,\ p) \tag{5-4}$$

其中，

$$f_r(w,p)=-\alpha\max[\gamma\Pi(w,p)-\pi_r(w,p),0]-\beta\max[\pi_r(w,p)-\gamma\Pi(w,p),0] \tag{5-5}$$

$\Pi(w,\ p)$、$\pi_r(w,\ p)$分别表示制造商和零售商的货币收益，α、β 表示 $\gamma\Pi(w,\ p)$和 $\pi_R(w,\ p)$之间收益差异的灵敏度系数。零售商的公平感取决于制造商部分利润与零售商利润的比较。在上述文献的启发下，本节制造商和零售商的效用函数可以构建如下：

$$U_r(t)=\pi_r(t)-\lambda_1[\pi_{mt}(t)-\pi_r(t)] \tag{5-6}$$

$$U_m(t)=\mu\pi_m(t)+(1-\mu)L_m(t)-\lambda_2[\pi_r(t)-\gamma\pi_{mt}(t)] \tag{5-7}$$

其中，λ_1、$\lambda_2\in(0,\ 1)$代表制造商和零售商的公平相关系数。$\gamma\in(0,\ 1)$表示相对利润系数，$\mu\in(0,\ 1)$表示制造商的利润和市场份额之间的平衡系数。π_{mt}是制造商从传统销售渠道中获得的利润；零售商关心的是自己的绝对利润与 π_{mt}之比。$\pi_r(t)-\gamma\pi_{mt}(t)$是指制造商只关心自己的部分利润与零售商在传统销售渠道中的利润比。一方面，只有当 $\pi_r(t)<\pi_{mt}(t)$时，零售商的效用才会降低；另一方面，只有当 $\pi_r(t)>\gamma\pi_{mt}(t)$时，制造商的效用才会降低。

L_m 表示制造商的整个市场份额，可以用制造商的销售收入与市场总销售收入的比率来表示，即 $L_m=\dfrac{p_mD_m}{p_mD_m+p_rD_r}$。

令 $e_1=p_rD_r$，$e_2=p_mD_m$，则 $L_m=\dfrac{e_2}{e_1+e_2}$。取 L_m 的偏导数相对于 e_2 收益率：

$$\frac{\partial L_m}{\partial e_2}=\frac{\sum_{j=1}^{2}e_j-e_2}{(e_1+e_2)^2}>0 \tag{5-8}$$

由于制造商的销售收入与其市场份额有相同的变化趋势，故可以用销售收入代替市场份额。

将公式（5-1）和公式（5-2）代入公式（5-6）和公式（5-7），得到零售商的效用函数。对零售商的效用函数求关于价格的一阶导数，可以得到

$$\frac{\partial U_r(t)}{\partial p_r(t)}=(1+\lambda_1)(kp_m(t)+a\theta)+b_1[w-c\lambda_1+2w\lambda_1-2p_r(t)(1+\lambda_1)] \tag{5-9}$$

同样，可以得到制造商的边际效用：

$$\frac{\partial U_m(t)}{\partial p_m(t)}=a(1-\theta)+b_2(c\mu-2p_m(t))+k[(1-\lambda_2)p_r(t)-c(\gamma\lambda_2+\mu)+w(\lambda_2+\gamma\lambda_2+\mu)] \tag{5-10}$$

通过求解 $\frac{\partial U_m(t)}{\partial p_m(t)}=\frac{\partial U_r(t)}{\partial p_r(t)}=0$，可以得到制造商和零售商的最优定价：

$$\begin{cases} p_r^*=\dfrac{\{a(k(\theta-1)-2\theta b_2)(1+\lambda_1)+2b_1b_2(w-c\lambda_1+2w\lambda_1)+m_0\}}{(1+\lambda_1)(4b_1b_2+k^2(\lambda_2-1))} \\ p_m^*=\dfrac{\{a(1+\lambda_1)(2b_1(1-\theta)+k\theta(1-\lambda_2))+2b_1b_2c\mu(1+\lambda_1)+n_0\}}{(1+\lambda_1)(4b_1b_2+k^2(\lambda_2-1))} \end{cases} \tag{5-11}$$

其中，$m_0=k(1+\lambda_1)(b_2c\mu+k(-c(\gamma\lambda_2+\mu)+w(\lambda_2+\gamma\lambda_2+\mu)))$，

$n_0=kw(1+\lambda_1+2(\gamma\lambda_2+\mu+\lambda_1))+2\lambda_1(1+kw-2c)(\gamma\lambda_2+\mu)+\lambda_1(1-\lambda_2)$。

事实上，当参与者进行价格决策时，他们无法获得整个市场的全部信息。因此，决策者依据有限理性原则调整自己的价格决策。制造商和零售商根据本期边际效用做出下一期价格决策。当前边际效用为正时，决策者就会提高下一期的价格；否则，在下一期下调价格。价格调整过程如下：

$$p_i(t+1)=p_i(t)+\alpha_jp_i(t)\frac{\partial U_i(t)}{\partial p_i(t)}(j=1,2,i=r,m) \tag{5-12}$$

其中，$\alpha_j(j=1,\ 2)>0$ 表示价格调整速度，$\frac{\partial U_i(t)}{\partial p_i(t)}$表示制造商或零售商的边际效用。

一个离散的动态双渠道博弈模型构建如下：

$$\begin{cases} p_r(t+1)=p_r(t)+\alpha_1 p_r(t)\dfrac{\partial U_r(t)}{\partial p_r(t)} \\ p_m(t+1)=p_m(t)+\alpha_2 p_m(t)\dfrac{\partial U_m(t)}{\partial p_m(t)} \end{cases} \tag{5-13}$$

5.3 稳定性分析

根据稳定性条件：$p_r(t+1)=p_r(t)$，$p_m(t+1)=p_m(t)$，得到系统(5-13)的4个均衡解：

$E_1=(0,\ 0)$，

$E_2=\left(\dfrac{(1+\lambda_1)a\theta+b_1[w+\lambda_1(2w-c)]}{2b_1(1+\lambda_1)},\ 0\right)$，

$E_3=\left(0,\ \dfrac{2b_2[a(1-\theta)+b_2c\mu]+k[(w-c)(\gamma\lambda_2+\mu)+w\lambda_2]}{2b_2}\right)$，

$E_4=(p_r^*,\ p_m^*)$.

系统（5-13）的雅可比矩阵如下：

$$J(p_r,p_m)=\begin{pmatrix} 1+\alpha_1 f_1 & \alpha_1 k(1+\lambda_1)p_r \\ \alpha_2 k(1-\lambda_2)p_m & 1+\alpha_2 f_2 \end{pmatrix} \tag{5-14}$$

其中，$f_1=(1+\lambda_1)(kp_m+a\theta)+b_1[w-c\lambda_1+2w\lambda_1-4p_r(1+\lambda_1)]$，

$f_2=a(1-\theta)+b_2(c\mu-2p_m)+k[(1-\lambda_2)p_r-c(\gamma\lambda_2+\mu)+w(\lambda_2+\gamma\lambda_2+\mu)]$。

均衡点的稳定性是由在相应均衡点上计算的雅可比矩阵的特征值决定的。将E_1、E_2、E_3、E_4代入雅可比矩阵（5-14），得到以下命题：

命题1：E_1、E_2、E_3是边界平衡点和不稳定点；E_4是唯一的纳什均

衡解。

证明：对于平衡点 E_1，系统（5-13）的雅可比矩阵为

$$J(E_1)=\begin{pmatrix}1+\alpha_1 U_1 & 0\\ 0 & 1+\alpha_2 U_2\end{pmatrix} \tag{5-15}$$

其中，$U_1=(1+\lambda_1)a\theta+b_1(w-c\lambda_1+2w\lambda_1)$，$U_2=a(1-\theta)+b_2c\mu+k[(w-c)(\gamma\lambda_2+\mu)+w\lambda_2]$。

通过计算可以得出两个特征值：

$$r_1=1+\alpha_1[(1+\lambda_1)a\theta+b_1(w-c\lambda_1+2w\lambda_1)],$$

$$r_2=1+\alpha_2[a(1-\theta)+b_2c\mu+k((w-c)(\gamma\lambda_2+\mu)+w\lambda_2)].$$

显然，$r_1>1$，$r_2>1$，意味着均衡点 E_1 是不稳定的平衡点。

将 E_2 代入雅克比矩阵（5-14）中，计算其雅可比矩阵的特征值如下：

$$r_1=1-\alpha_1 b_1(w-c\lambda_1+2w\lambda_1)-\alpha_1 a\theta(1+\lambda_1),$$

$$r_2=1+\alpha_2[(w-c)(\gamma\lambda_2+\mu)+w\lambda_2+b_2c\mu]+\frac{ak\theta\alpha_2(1+\lambda_1)(1-\lambda_2)}{2b_1}+\frac{k\alpha_2(w+2w\lambda_1-c\lambda_1)(1-\lambda_2)+2a\alpha_2(1-\theta)}{2}.$$

可以看到 $r_1<1$，$r_2>1$，这表明 E_2 是一个不稳定的平衡点。准确地说，E_2 是 r_1 的鞍点 $|r_1|<1$。同理可以证明 E_3 也是一个不稳定点，E_4 是系统（5-13）的唯一纳什均衡解。

下面分析纳什均衡点的稳定性，系统（5-13）相应的特征多项式表示如下：

$$f(\lambda)=\lambda^2+A\lambda+B \tag{5-16}$$

其中，$A=2+\alpha_1 f_1+\alpha_2 f_2$，

$$B=(1+\alpha_1 f_1)(1+\alpha_2 f_2)-[\alpha_1 k(1+\lambda_1)p_r][\alpha_2 k(1-\lambda_2)p_m]。$$

A 和 B 分别表示雅可比矩阵 $J(p_r^*,\ p_m^*)$ 的迹和行列式。

系统渐近稳定的充要条件是所有特征值都在复平面的单位圆内。因此，系统（5-13）的稳定性应满足以下约束条件：

$$\begin{cases} F(1)=1-A+B>0 \\ F(-1)=1+A+B>0 \\ F(0)=1-|B|>0 \end{cases} \tag{5-17}$$

5.4 数值模拟

本节利用数值模拟来研究系统（5-13）的动态演化特征。根据实际竞争情况对相关参数进行赋值；赋值如下：$a=100$，$\theta=0.4$，$b_1=0.3$，$b_2=0.4$，$k=0.2$，$c=100$，$w=122.5$。

5.4.1 μ、λ_1 和 λ_2 的变化对系统（5-13）稳定域的影响

当价格的初始值在系统（5-13）的稳定区域内时，经过决策者之间的数次博弈，市场价格会稳定在纳什均衡点处。

当 $\lambda_1=\lambda_2=0.2$，图 5-1（a）显示了 μ 具有不同值时纳什均衡点的稳定域的变化。可以看出，$\mu=0.2$ 时，系统（5-13）的稳定域最大；$\mu=0.6$ 时系统（5-13）的稳定域变小；$\mu=0.9$ 时系统（5-13）的稳定域最小。可以看出，随着 μ 的增加，系统（5-13）的稳定域逐渐变小。当 $\mu=0.6$ 和 $\lambda_2=0.2$，图 5-1（b）显示了 λ_1 取不同值时纳什均衡点的稳定域的变化。随着 λ_1 的增大，系统（5-13）的稳定域变小，α_1 的稳定域缩小的范围大于 α_2 稳定域缩小的范围，零售商在调整价格策略时应该比制造商更谨慎。同样，图 5-1（c）给出随着 λ_2 的增加，系统（5-13）稳定域的变化。可以看出系统（5-13）的稳定域随着 λ_2 的增加而变大。

参数盆域是一种二维分岔图，能够更好地展示系统随参数演化的过程。图 5-2 给出了在不同公平关切水平下，系统（5-13）在（α_1，α_2）平面上的二维周期分岔，不同的颜色代表系统不同的运行状态：稳定状态（黑色）、周期状态（灰色）、混乱（白色）和发散（浅灰色）。通过比较图 5-2（a）、图 5-2（b）、图 5-2（c）中稳定区域（黑色区域）的大小，

研究发现零售商的公平关切水平越高，系统（5-13）的稳定域就越小；制造商的公平关切水平越高，系统（5-13）的稳定域越大。

根据图 5-2，可以得到如下结论：①制造商将市场占有率作为企业的一个目标，可以扩大系统（5-13）的稳定区域。②零售商的公平关切行为不利于系统（5-13）的稳定，这表明零售商的高水平公平关切行为将使系统提前进入不稳定状态。③制造商的公平关切行为使系统（5-13）的稳定域扩大，市场竞争变得更加激烈。

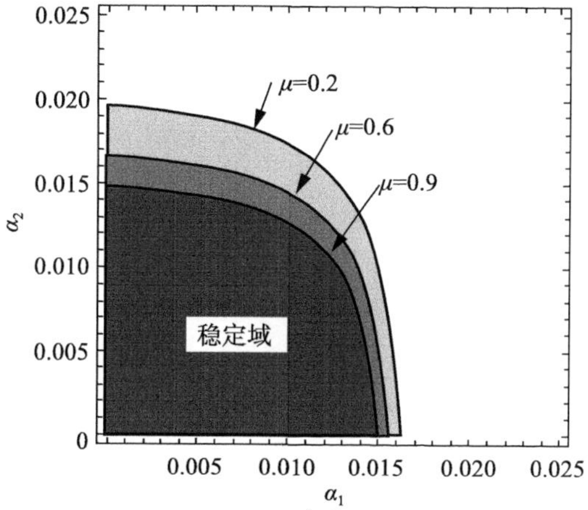

（a）

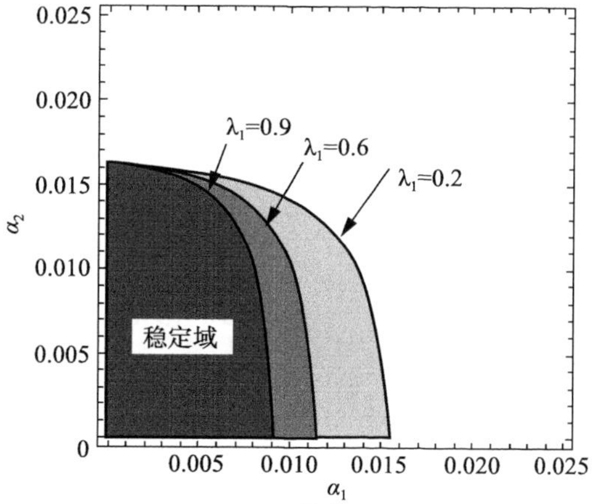

（b）

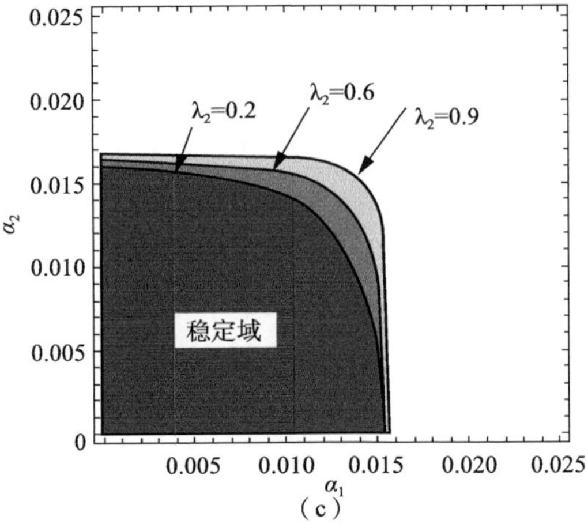

（c）

图 5-1　系统（5-13）在不同参数值下的稳定域

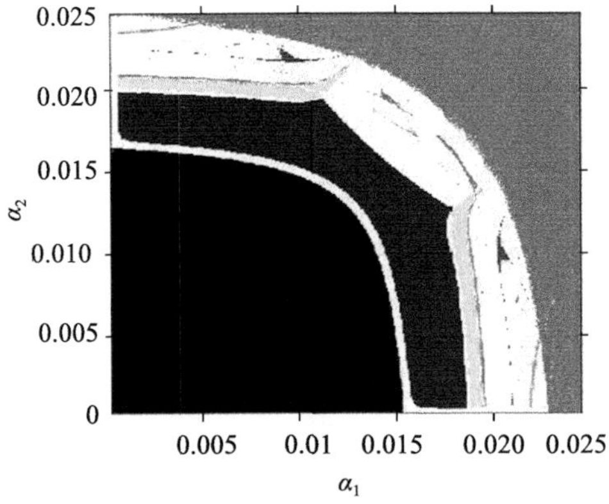

（a）λ_1=λ_1=0.2

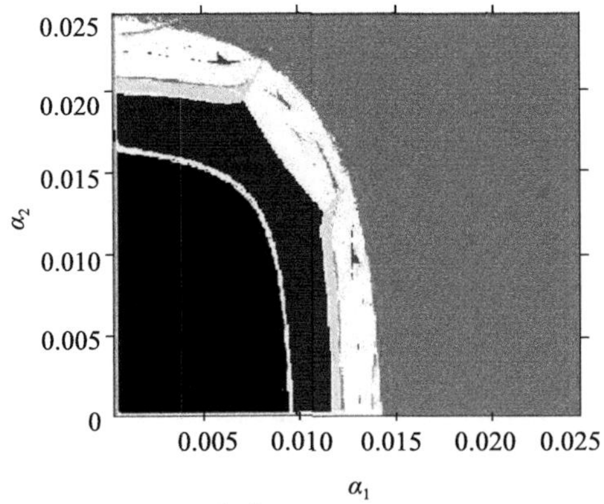

（b）λ_1=0.9，λ_2=0.2

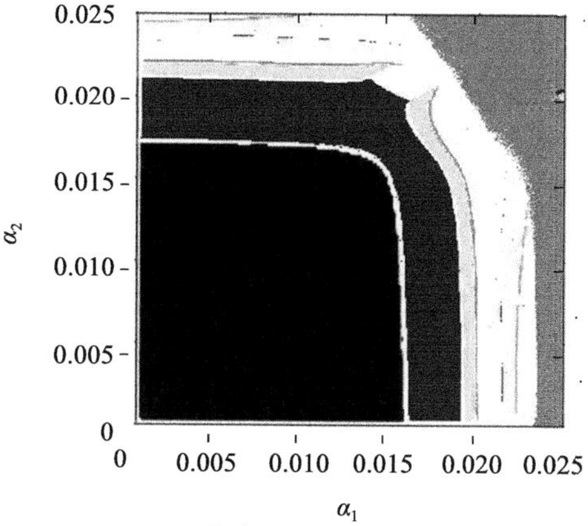

（c）λ_1=0.2，λ_2=0.9

图 5-2　系统（5-13）的稳定域

5.4.2　价格调整速度对系统（5-13）行为的影响

首先，当$\mu=0.6$，$\lambda_1=0.2$，$\lambda_2=0.2$，图 5-3（a）给出系统（5-13）的分叉图。当 α_1 固定时，随着 α_2 从 0 增加到 0.025，系统（5-13）通过倍周期分岔失去稳定性，在 $\alpha_2=0.016$ 处出现第一次分岔，之后进入稳定的 2 周期循环状态；然后重复进行倍周期分岔直到进入混沌状态。图 5-3（b）是系统（5-13）相应的最大李雅普诺夫指数（LLE）。α_2 从 0 到 0.0216，大部分 Lyapunov 值为负，表明系统处于相对稳定状态；随着 α_2 的增加，大多数 LLE 值大于 0，这表明系统（5-13）出现混沌现象。

图 5-4 显示了系统（5-13）在 $\alpha_2=0.022$，$\alpha_1=0.005$ 及 $\alpha_1=0.012$ 时的混沌吸引子，是系统处于混沌状态时的重要特征。当 $\alpha_1=0.005$，$\alpha_2=0.02$ 时，系统（5-13）呈现出 2 周期波动状态，如图 5-4（a），销售价格在两点之间进行波动；当 $\alpha_1=0.012$，$\alpha_2=0.022$ 时，系统（5-13）的价格变化没有规律，如图 5-4（b）所示。图 5-6 显示了当 $\alpha_1=0.005$，$\alpha_2=0.022$ 时，系统（5-13）的稳定性对初始条件的灵敏度依赖性。

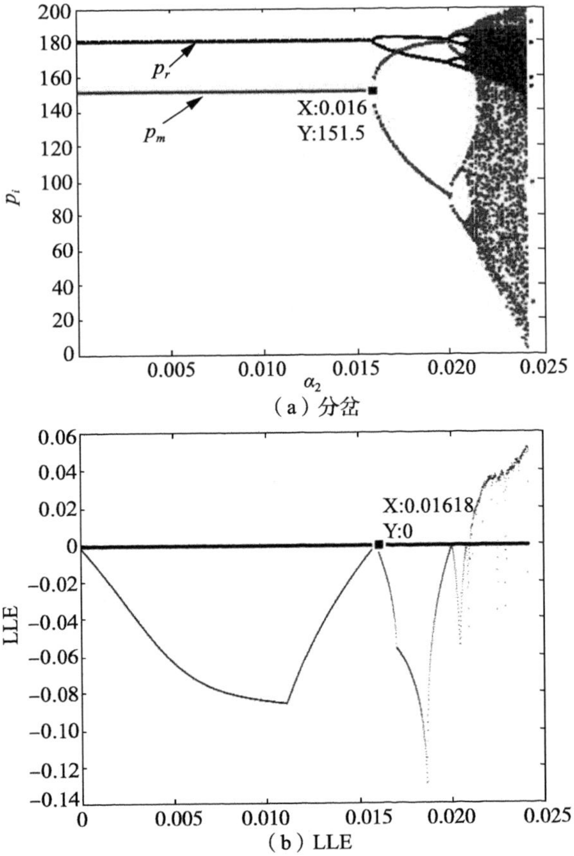

（a）分岔

（b）LLE

图 5-3　系统（5-13）的分岔和 LLE

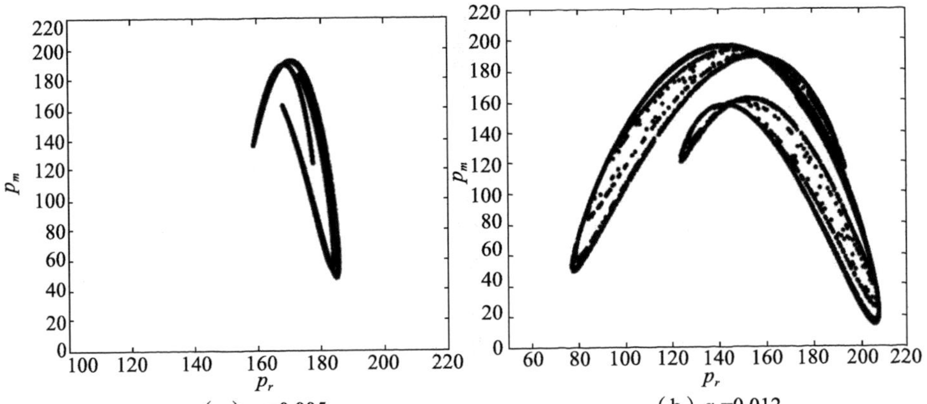

（a）α_1=0.005　　（b）α_1=0.012

图 5-4　当 $\alpha_2 = 0.022$ 时，系统（5-13）的混沌吸引子

当系统处在混沌期时，系统的初始价格有一丝变化，动态系统的运行轨道会随着初始价格的变化而发生巨大的变化。当 α_2 发生变化时，系统的运行轨道的变化与 α_1 的变化是一样的，在此不再赘述。

图 5-5 为系统（5-13）的时间序列图，可以看出随着价格调整参数的增加，系统从有规律的变动到无规律的价格波动。图 5-6 为系统（5-13）对初值的敏感性，当 p_m 发生 0.0001 的波动，随着时间的推移，系统价格将发生很大变化。

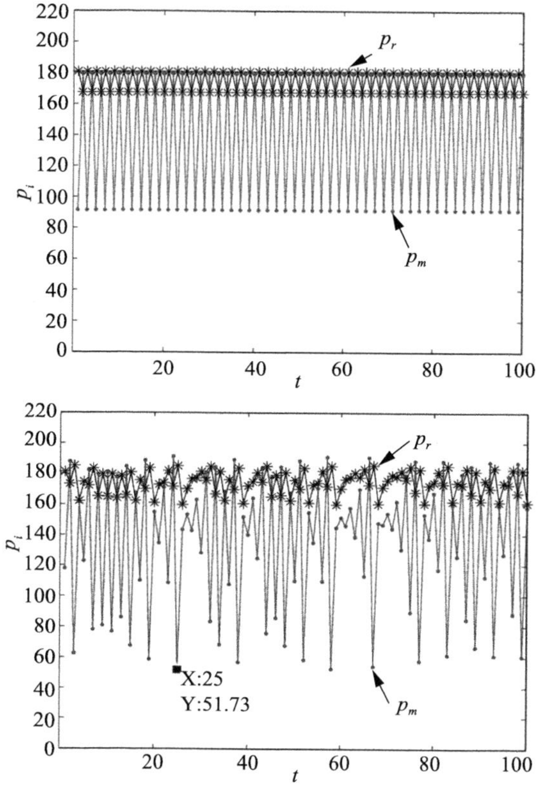

图 5-5　当 $\alpha_1=0.005$ 时，系统（5-13）随时间变化的价格波动

图 5-7 显示了系统处于混沌状态时，随着时间的变化制造商和零售商的利润波动。可以看出，在混沌状态下，制造商利润的变化大于零售商的利润变化。混沌状态对制造商更不利。

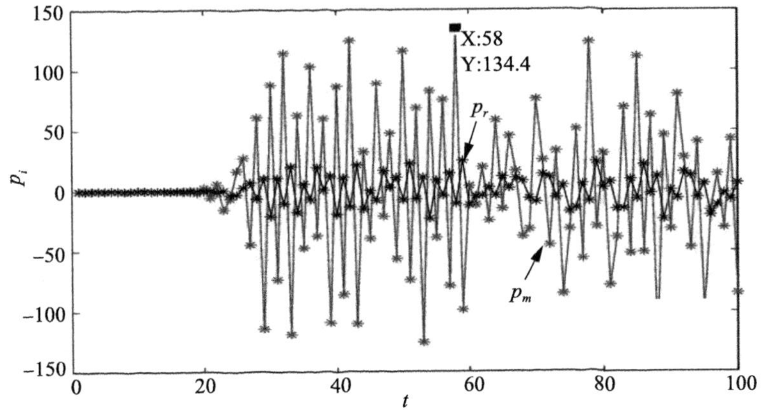

图 5-6　初始条件（p_r，p_m）=（180.277，151.455）和（180.277，151.4551）时的敏感依赖性

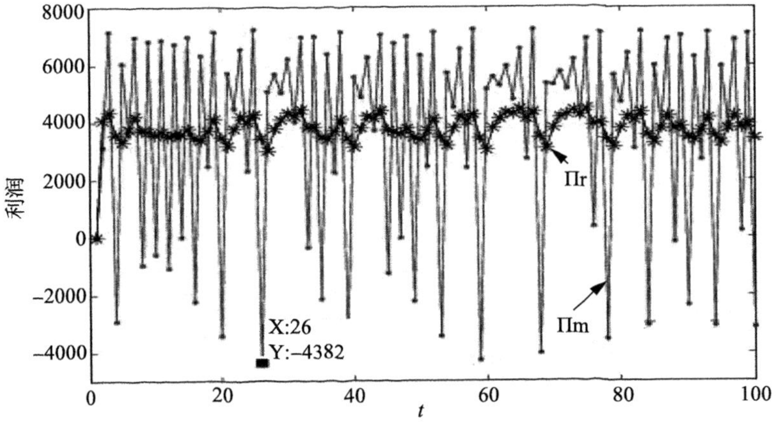

图 5-7　当 $\alpha_1=0.005$，$\alpha_2=0.022$ 时，系统利润随时间的变化

一旦市场失去稳定并陷入混乱，就变得不可预测，导致参与者的利益受到一定程度的损失。因此，制造商和零售商必须将调整参数保持在一定范围内，以避免系统陷入混沌状态，避免对供应链产生不利影响。

5.5 参数调整对利润的影响

利润是衡量系统性能的重要指标之一，在大量的文献研究中得到了广泛的应用。本节主要研究 λ_i、α_i 随着时间的推移对市场参与者的利润和平均利润的影响。

表 5-1 显示，随着零售商公平关切程度的提高，制造商和零售商的价格都得到了相应提高。相反，从表 5-2 可以看出，制造商对公平程度的高度关注会降低整个供应链的利润。此外，$\pi_T=\pi_r+\pi_m$ 是供应链的总利润收益。表 5-1 中，π_T 随 λ_1 增加而略有变化；在表 5-2 中，随 λ_2 升高，π_T 急剧下降。

表 5-1　当 $\mu=0.6$，$\lambda_2=0.2$，零售商的价格和利润变化

	$\lambda_1=0$	$\lambda_1=0.2$	$\lambda_1=0.6$	$\lambda_1=0.9$
p_r	178，27	180.28	182.79	183.98
p_m	151.05	151.46	151.96	152.20
π_r	933.02	936.45	937.79	937.28
π_m	2175.16	2190.00	2208.75	2217.75
π_T	3108.18	3126.45	3146.54	3155.03

表 5-2　当 $\mu=0.6$，$\lambda_1=0.2$ 时，制造商的价格和利润的变化

	$\lambda_2=0$	$\lambda_2=0.2$	$\lambda_2=0.6$	$\lambda_2=0.9$
p_r	181.00	180.28	178.91	177.94
p_m	153.63	151.46	147.34	144.44
π_r	960.86	936.45	891.01	859.61
π_m	2233.03	2190.00	2099.68	2029.14
π_T	3193.89	3126.45	2990.69	2888.75

根据图 5-8（a），当 $\alpha_1<0.0151$ 时，制造商和零售商的平均利润是一个固定值。当 $\alpha_1>0.0151$ 时，双方的平均利润会随着 α_1 的增加而下降，特别是零售商的利润。同样，根据图 5-8（b），当 $\alpha_2>0.0162$ 时，随着 α_2 的

提高，双方的平均利润都将下降。制造商或零售商价格的较快调整不利于系统保持稳定和实现利润最大化。

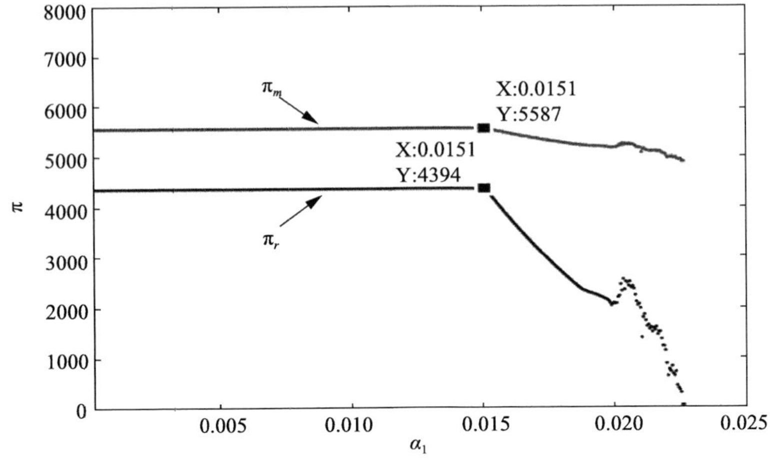

（a）α_2=0.005

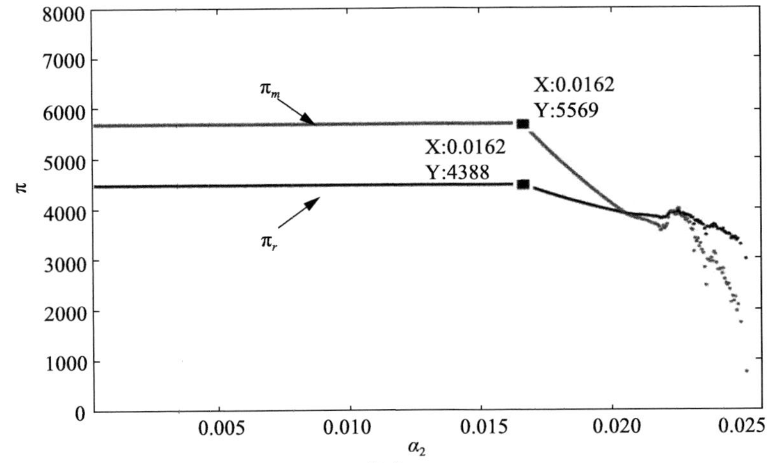

（b）α_1=0.005

图 5-8　α_1 和 α_2 变化时系统的平均利润

为了清楚地显示参与者利润的变化趋势，着重研究 λ_i 和 α_i 对 π_r、π_m 的影响。图 5-9 中的 3D 网格显示了 π_r、π_m 的变化趋势。从三维利润演变图可以看出，随着 λ_i、α_i 的增加，π_r、π_m 最终会大幅减少。当处于 λ_1 时，π_r 可以保持稳定，α_2 则处于稳定区域（图 5-2 中的黑色区域）；当 α_2

超过 0.016 时，利润 π_r 会变得不稳定，产生剧烈变化（如图 5-2 白色区域）；同时，大部分利润都比以前低了。当 α_2 固定在 0.016 时，与 λ_2 和 α_2 相比，π_m 会发生如图 5-9（b）所示的变化。随着 λ_2 的增加，π_m 会陷入不稳定区域，甚至会大幅减少。关于 π_r 随着 λ_1、α_1 的变化而变化的情况，如图 5-9（c）所示；π_m 随着 λ_2、α_1 的变化情况，如图 5-9（d）所示。根据上述分析，制造商和零售商应注意 λ_i、α_i 的取值范围，以避免不必要的损失，并实现既定的商业目标。

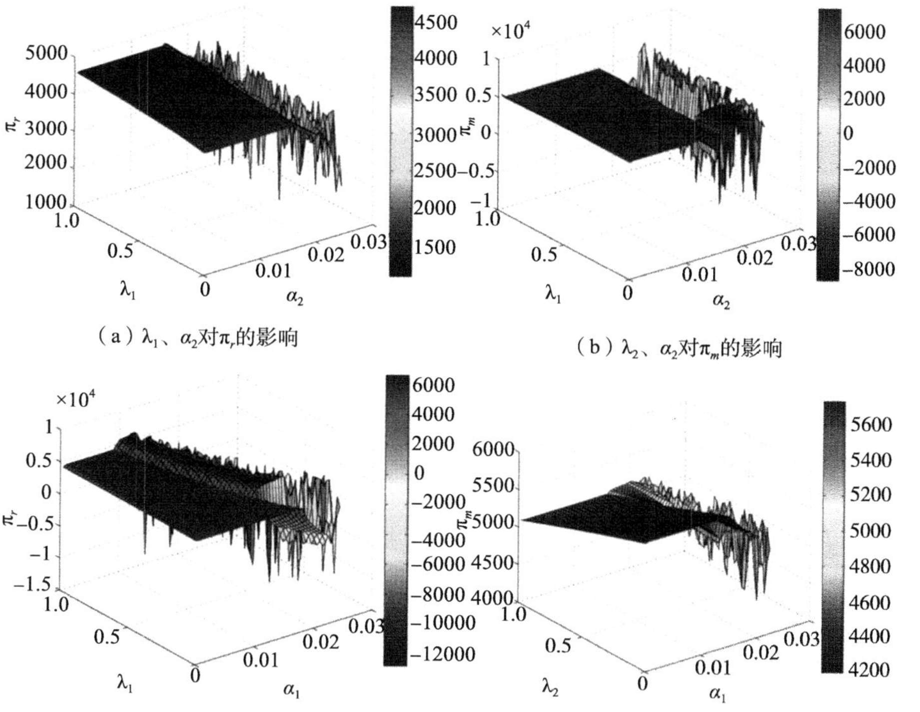

（a）λ_1、α_2 对 π_r 的影响

（b）λ_2、α_2 对 π_m 的影响

（c）λ_1、α_1 对 π_r 的影响

（d）λ_2、α_1 对 π_m 的影响

图 5-9　系统利润随 λ_i、α_i 的变化

5.6 混沌控制

在一个复杂的动态供应链中，一旦出现混乱，制造商和零售商会发现，要维持市场均衡状态并不容易。因为有很多因素会对系统的平衡状态产生重大影响，如竞争对手的价格调整速度、客户行为和收集信息能力。当系统失去稳定性时，就会变得无序和不可预测。为了实现商业目标，决策者应采取有效的混沌控制措施，使系统恢复到稳定状态，例如采用自适应调整机制、变量反馈控制方法。本章利用自适应调整机制建立了系统（5-13）的控制模型。假设原始系统（5-13）用 $p_i(t+1)=f_i[p_m(t),p_r(t)]$描述，控制系统可以表示为

$$\begin{cases}p_r(t+1)=(1-v)f_1[p_m(t),\ p_r(t)]+vp_r(t)\\p_m(t+1)=(1-v)f_2[p_m(t),\ p_r(t)]+vp_m(t)\end{cases}\tag{5-18}$$

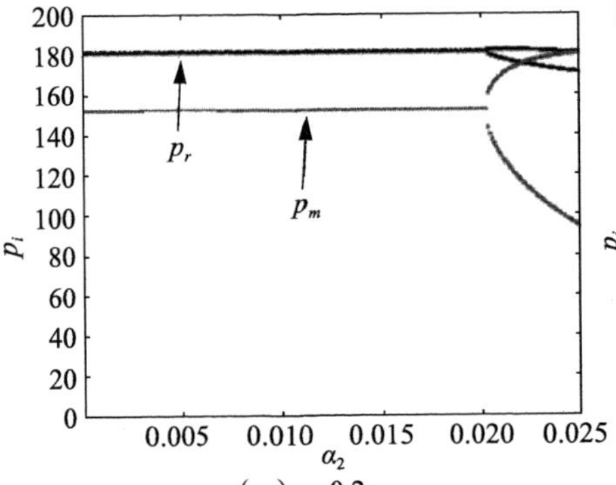

（a）v=0.2

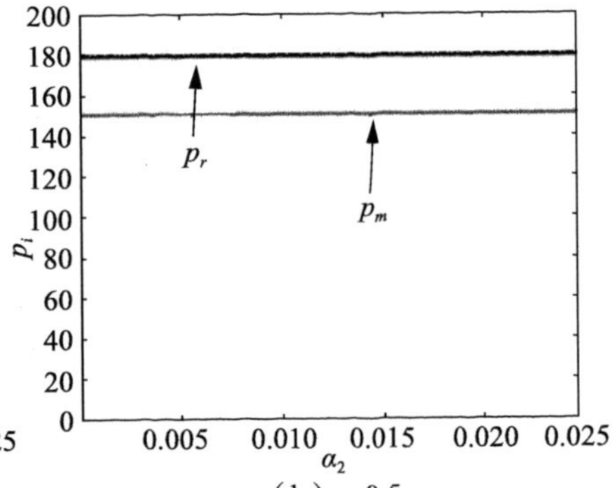

（b）v=0.5

图 5-10 当 α_1=0.005 时，系统的分岔

其中，v 为调整参数，可作为政府调控价格调整速度或市场参与者学习能力和适应能力的法规。当 $v=0$ 时，受控系统（5-18）成为原始系统（5-13）。图 5-10 表明，当 $v=0.2$ 时，价格稳定在倍周期分岔状态；当 $v=0.5$ 时，即使价格调整速度足够大，系统（5-18）也始终保持稳定状态。图 5-11（a）

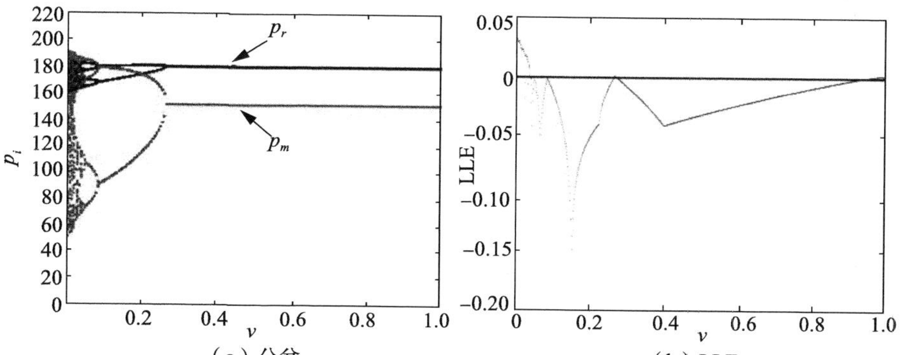

（a）分岔　　（b）LLE

图 5-11　系统（5-18）的分岔和 Lyapunov 指数

显示了价格对自适应参数 v 的分岔；图 5-11（b）显示了相应的最大 Lyapunov 指数，从开始时的正值到结束时的负值，这表明系统（5-18）恢复到了稳定状态。图 5-11 是受控系统（5-18）随 v 变化的分岔图和 LLE，可以看到，控制参数超过某个值时，受控系统（5-18）可以从混沌状态返回到稳定状态。

5.7 结论

本章考虑了双渠道制造商具有公平关切行为和不同的商业目标，零售商具有公平关切行为。首先，研究了一个双渠道供应链博弈模型。其次，采用复杂性理论方法分析模型的价格演化规律及其表现出的复杂动态行为，如分岔、二维周期分叉、混沌吸引子、对初始条件的敏感性等。通过三维变化图显示了利润的变化，并对平均利润进行了分析。最后，采用自适应调节控制方法对系统表现出的混沌现象进行了有效控制。结果表明，过高的价格调整速度不仅会损害供应链的稳定性，还会损害供应链中成员的效用。一个具有较高公平关切水平的零售商将导致系统提前进入混沌状态。而一个具有高水平公平关切制造商将有助于扩大系统的稳定区域。制造商设定不同的目标将导致供应链中不同渠道间的激烈竞争。本章的研究对决策者的价格决策和供应链运营管理具有重要意义。

基于公平和不同业务目标的动态价格模型的复杂性研究具有理论和现实意义。可以帮助供应链管理者做出正确有效的决策。然而，若考虑一些其他因素，例如决策者的风险敏感性，模型会更加贴近现实。相信本章的观点将为相关研究奠定基础。

第六章

风险规避型供应链价格博弈模型及其复杂性研究

本章基于双寡头零售商具有风险规避行为和公平关切行为，构建了竞争型双寡头零售商的双渠道价格动态博弈模型。运用博弈论和非线性动力学理论，研究了参数变化对模型的稳定性以及零售商利润的影响。研究发现顾客需求波动较大时，系统更容易失稳陷入混沌状态，零售商会降低商品价格以减小市场需求不确定带来的风险；提高双渠道零售商的风险规避水平使其价格调整速度稳定范围变小，使仅采用网络销售的零售商价格调整速度范围变大，仅采用网络销售的零售商风险规避水平较高时有利于系统的稳定域变大。随着价格调整速度的增大，系统经历倍周期分岔达到混沌状态；提高零售商的风险规避水平和降低零售商的公平关切水平则能使系统恢复到稳定状态。在稳定状态下，双寡头零售商提高风险规避水平和公平关切水平会使其利润增加；在混沌状态下，双寡头零售商的利润值波动剧烈甚至出现亏损。

6.1 引言

近年来，信息和互联网技术的迅速发展，为网络直销渠道的建立提供了良好的条件和发展空间。双渠道销售模式有利于扩大市场份额和增加利润，同时会加剧市场竞争（Chiang 等，2003）。这引起学术界高度重视，学者们针对行为因素对双渠道供应链的契约与协调的影响问题进行了广泛研究。

寡头博弈模型及其演化机理一直是学界研究热点。Puu（2008）是最早发现双寡头 Cournot 模型存在奇异吸引子，并简单讨论了三寡头博弈竞争的情形。卢亚丽（2012）研究了主从性型价格博弈并把模型扩展为三维差分方程；发现当价格调整系数较大时，系统会出现分岔与混沌现象。刘峰等（2016）基于厂商成本差异的非线性需求，建立了四寡头动态价格博弈模型，利用动力学方法对系统的动态演化过程进行模拟，刻画了系统的倍周期分岔及混沌的复杂特性，并运用参数反馈控制法对系统的混沌行为进行控制。

本章基于双渠道供应链环境，考虑双寡头零售商具有风险规避和公平关切行为，运用博弈论和非线性动力学理论，构建双寡头零售商的价格博弈模型；重点分析博弈模型均衡点的稳定特征和参数对系统稳定性和利润的影响。在此基础上，用状态反馈控制方法对系统的混沌行为进行了有效控制。本章的研究将对决策者的价格决策及供应链运营管理具有较大的指导意义。

6.2 模型描述与建立

本章研究由双寡头零售商组成的双渠道供应链（如图 6-1 所示）。零售商 1 通过传统渠道和网络销售渠道销售产品，零售商 2 只通过网络销售渠道销售产品。两个零售商之间进行产品价格竞争，通过价格调整与竞争者进行博弈以获取最大利润。

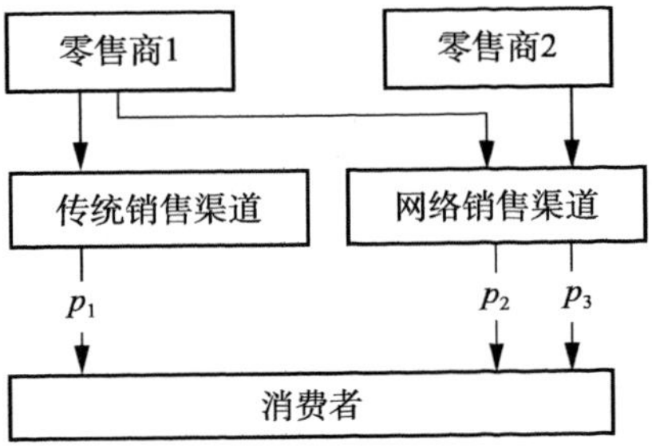

图 6-1 双渠道供应链

其中，p_1、p_2 为零售商 1 在传统销售渠道和网络销售渠道的产品价格，p_3 为零售商 2 在网络销售渠道的产品价格。

6.2.1 模型假设

（1）寡头零售商具有有限理性、风险规避和公平关切行为。

（2）市场需求（$a>0$）具有不确定性，满足 $a=\bar{a}+\varepsilon$，其中 $\bar{a}$ 为市场基本需求，ε 表示市场需求随机部分，ε 符合（0，σ^2）的正态分布。

（3）两个零售商具有相同的产品成本 c，且单位可变成本均为零。

零售商的需求函数表示如下：

$$\begin{cases} D_1=\theta a-bp_1+kp_2+kp_n \\ D_2=(1-\theta)a-bp_2+kp_1+kp_n \\ D_3=(1-\theta)a-bp_3+kp_1+kp_2 \end{cases} \tag{6-1}$$

其中，$\theta\in(0,1)$ 表示消费者对传统销售渠道的忠诚度，θa 表示消费者从传统销售渠道购买的商品数量；b、k 分别表示产品需求的价格弹性和交叉价格弹性，满足 $b\geqslant k>0$；D_1 和 D_2 表示零售商 1 在传统销售渠道和网络销售渠道的顾客需求，D_3 表示零售商 2 在网络销售渠道的顾客需求。

假设寡头零售商价格决策发生在离散的时间周期内（$t=1, 2, 3, \cdots$），各零售商在 t 时期的价格为 p_i（t），则两个零售商的利润函数分别为：

$$\begin{cases} \pi_1(t)=[p_1(t)-c]\ D_1(t)+[p_2(t)-c]D_2(t) \\ \pi_2(t)=[p_n(t)-c]D_n(t) \end{cases} \tag{6-2}$$

其中，$\pi_i(t)(i=1, 2)$ 为两个零售商在双渠道供应链中的总利润，令 $\pi_d=[p_2(t)-c]D_2(t)$，表示零售商 1 网络直销渠道的利润。

6.2.2 模型建立

顾客需求的不确定性使寡头零售商具有金融风险，应该考虑寡头零售商对价格决策的风险态度。本章采用指数效用方程衡量风险规避行为对零售商效用获得的影响，此方法在金融风险评估和决策理论中有广泛应用。

表达形式如下：$E(\pi_i)=-e^{-\pi_i/R_i}$（$i=1, 2$），R_i 表示零售商的风险规避水平，当 $R_i<\infty$ 时说明零售商具有风险规避行为；$R_i=\infty$ 时表示决策者是风险中性的（Xie，2018）。假设风险规避决策者的利润服从正态分布，则决策者的期望效用函数可表示为

$$E(U)=E(\pi)-\left(\frac{Var(\pi)}{2R}\right) \tag{6-3}$$

其中，$E(\pi)$ 为决策者的期望利润，$Var(\pi)$ 为利润的方差。可得零售商 1 和零售商 2 考虑风险规避时的效用函数方程

$$\begin{cases} U_1=E(\pi_1)-(Var(\pi_1)/2R_1 \\ U_2=E(\pi_2)-(Var(\pi_2)/2R_2 \end{cases} \tag{6-4}$$

杜少甫等（2010）给出了考虑公平关切零售商的效用方程，认为零售商的利润获得和利润损失的敏感系数是一样的，其效用方程为

$$U_r=\pi_r-\beta(\pi_m-\pi_r) \tag{6-5}$$

其中，π_m、π_r 分别为制造商和零售商的利润，β 表示公平关切系数，零售商的公平感受与制造商绝对利润有关。

Cui 等（2007）给出了零售商考虑公平关切时的效用方程：

$$u(w, p)=\pi(w, p)+f_r(w, p) \tag{6-6}$$

$$f_r(w, p)=-\alpha\max[\gamma\Pi(w, p)-\pi(w, p), 0]-$$

$$\beta\max[\pi(w, p)-\gamma\Pi(w, p), 0]$$

其中，$\Pi(w, p)$、$\pi(w, p)$ 分别表示制造商和零售商的货币报酬，$\gamma\Pi(w, p)$ 是零售商选择制造商的部分利润作为参考指标，α、β 分别为效用损失及效用增加的敏感系数。γ 是相对利润系数公平感知，它取决于零售商与制造商的相对利润的比较，若 $\gamma\Pi(w, p)-\pi(w, p)>0$，则零售商的效用减少；反之，零售商的效用增加。

根据市场实际情况，零售商 1 的公平感受与两个零售商在网络销售渠道的绝对利润之比有关；零售商 2 的公平感受取决于与零售商 1 相对利润和绝对利润之比。由此可得，离散的时间周期内（$t=1, 2, 3, \cdots$），风险

规避型寡头零售商的效用函数方程为

$$\begin{cases} E[U_1(t)]=E[\pi_1(t)]-\dfrac{\sigma^2[\theta^2(p_1(t)-c)^2+(1-\theta)^2(p_2(t)-c)^2]}{2R_1} \\ -\lambda_1[E(\pi_2(t))-E(\pi_d(t)] \\ E[U_2(t)]=E[\pi_2(t)]-\dfrac{\sigma^2(1-\theta)^2[p_n(t)-c]^2}{2R_2} \\ -\lambda_2[\gamma E(\pi_1(t))-E(\pi_2(t)] \end{cases} \tag{6-7}$$

对零售商 1 和零售商 2 的效用方程关于 p_1、p_2、p_n 求偏导，得零售商的边际效用函数

$$\begin{cases} \dfrac{\partial E[U_1(t)]}{\partial p_1(t)}=\dfrac{\theta^2\sigma^2[c-p_1(t)]}{R_1}+\{-ck+b[c-2p_1(t)]+A\} \\ \dfrac{\partial E[U_1(t)])}{\partial p_2(t)}=\dfrac{\sigma^2(\theta-1)^2[c-p_2(t)]}{R_1}+ \\ [b(1+\lambda_1)\{[c-2p_2(t)]+B\} \\ \dfrac{\partial E[U_2(t)]}{\partial p_n(t)}=\dfrac{\sigma^2(-1+\theta)^2[c-p_n(t)]}{R_2}+ \\ [b(1+\lambda_2)[c-2p_n(t)]+a(1-\theta)(1+\lambda_2)+C] \end{cases} \tag{6-8}$$

其中，

$$A=a\theta+3kp_2(t)-k(1-\lambda_1)p_n(t),$$

$$B=a(1-\theta)(\lambda_1+1)+k[c(\lambda_1-1)+p_n(t)+(\lambda_1+2)p_1(t)],$$

$$C=k[2c\gamma\lambda_2+(1+\lambda_2-\gamma\lambda_2)p_1(t)+(1+\lambda_2-\gamma\lambda_2)p_2(t)]。$$

双寡头零售商在决策时只能得到市场的部分信息。因此，零售商下一期的价格决策会根据本期的边际效用进行调整。当本期边际效用大于零，零售商将在下一期提高价格调整速度；反之，当本期边际效用小于零，零售商将在下一期降低价格调整速度。价格调整机制如下：

$$p_i(t+1)=p_i(t)+\alpha_i p_i(t)\frac{\partial E(U_i(t))}{\partial p_i(t)} \tag{6-9}$$

其中，$\alpha_i>0(i=1,2,3)$ 表示寡头零售商在传统渠道和网络直销渠道的价格调整速度。

由此建立双寡头零售商的三维离散价格动态博弈模型：

$$\begin{cases} p_1(t+1)=p_1(t)+\alpha_1 p_1(t)\dfrac{\partial E(U_1)}{\partial p_1} \\ p_2(t+1)=p_2(t)+\alpha_2 p_2(t)\dfrac{\partial E(U_1)}{\partial p_2} \\ p_n(t+1)=p_n(t)+\alpha_n p_n(t)\dfrac{\partial E(U_2)}{\partial p_n} \end{cases} \tag{6-10}$$

6.3 模型分析

6.3.1 均衡点

令系统（6-10）中的 $p_i(t+1)=p_i(t)(i=1,2,3)$，求得系统(6-10)的 8 个均衡点 $E_j(j=1,2,\cdots,8)$，$E_1=(0,0,0)$，$E_8=(p_1^*,p_2^*,p_n^*)$，E_2，…，E_7 的表达式见附录 A。

下面对各均衡点的稳定性进行分析，系统（6-10）的 Jacobi 矩阵如下：

$$J=\begin{bmatrix} 1+D & \alpha_2 k(\lambda_1+2)p_2(t) & \alpha_n k p_n(t)(-\gamma\lambda_2+\lambda_2+1) \\ \alpha_1 k(\lambda_1+2)p_1(t) & 1+E & \alpha_n k p_n(t)(-\gamma\lambda_2+\lambda_2+1) \\ \alpha_1 k(1-\lambda_1)p_1(t) & \alpha_2 k p_2(t) & 1+F \end{bmatrix} \tag{6-11}$$

其中，

$$D=\alpha_1\left\{\frac{\theta^2\sigma^2(c-2p_1(t)}{R_1}+[-ck+b(c-4p_1(t))+A]\right\},$$

$$E=\alpha_2\left\{\frac{\sigma^2[c-2p_2(t)](-1+\theta)^2}{R_1}+b[c-4p_2(t)](1+\lambda_1)+B\right\},$$

$$F=\alpha_n\left\{\frac{\sigma^2[c-2p_n(t)](-1+\theta)^2}{R_2}+b[c-4p_n(t)](1+\lambda_2)+a(1-\theta)(1+\lambda_2)+C\right\}。$$

将各均衡点代入 Jacobi 矩阵，求得其对应的特征值。系统均衡点稳定的充要条件是其对应的所有特征值均小于 1。若存在非零特征值大于 1，表示该均衡点不稳定。

以 E_1 为例，其对应的 Jacobi 矩阵为

$$J(E_1)=\begin{bmatrix}1+M & 0 & 0\\ 0 & 1+N & 0\\ 0 & 0 & 1+Q\end{bmatrix} \tag{6-12}$$

其中，$M=\alpha_1\left[\frac{c\theta^2\sigma^2}{R_1}+(bc-kc+a\theta)\right]$，

$$N=\alpha_2\left[\frac{c\sigma^2(-1+\theta)^2}{R_1}+c(b-k)+a(1-\theta)(1+\lambda_1)+c(b+k)\lambda_1\right],$$

$$Q=\alpha_n\left[\frac{c\sigma^2(-1+\theta)^2}{R_1}+bc(1+\lambda_2)+a(1-\theta)(1+\lambda_2)+2kc\gamma\lambda_2\right]。$$

由参数值可知，M、N、Q 均大于 0，则 $J(E_1)$ 的特征值均大于 1，故 E_1 为不稳定均衡点。同理可证 E_2，…，E_7 均为不稳定均衡点，E_8 是唯一的 Nash 均衡点。

下面分析 Nash 均衡点的稳定性，系统（6-10）的 Jacobi 矩阵的特征多项式为

$$F(\lambda)=A_0+A_1\lambda+A_2\lambda^2+\lambda^n \tag{6-13}$$

系统（6-10）的 Nash 均衡点稳定的充要条件为

$$\begin{cases}f_1=A_0+A_1+A_2+1>0\\ f_2=A_0-A_1+A_2-1<0\\ f_3=A_0^2-1<0\\ f_4=(1-a_0^2)^2-(A_1-A_0A_2)^2>0\end{cases} \tag{6-14}$$

根据条件（6-14）可知，系统的稳定域与价格调整速度、风险态度等参数有关。

下面证明零售商的效用函数为凹函数，零售商 1 的效用函数对应的海塞矩阵为

$$H_1=\begin{bmatrix} \dfrac{-2bR_1-\theta^2\sigma^2}{R_1} & 2k+k\lambda_1 \\ 2k+k\lambda_1 & \dfrac{-2b(\lambda_1+1)R_1-(\theta-1)^2\sigma^2}{R_1} \end{bmatrix} \tag{6-15}$$

海塞矩阵的一阶主子式小于 0，当 $4b^2(\lambda_1+1)>k^2(2+\lambda_1)^2$ 时，满足二阶主子式大于 0，此时海塞矩阵为负定矩阵，U_1 是关于 p_1、p_2 的严格凹函数。同理可证 U_2 是关于 p_n 的严格凹函数，零售商可以按照边际效用原则获得全局最优效用。

6.3.2 均衡点稳定性分析

为了更好地研究系统的稳定性特征，根据市场实际情况，得到系统参数值如下：$a=100$，$b=1$，$\theta=0.6$，$k=0.5$，$\lambda_1=0.5$，$\lambda_1=0.5$，$\sigma=20$，$R_1=20$，$R_2=20$，$c=10$。根据系统稳定性条件模拟 σ、R_1 取不同值时系统的三维稳定域，如图 6-2 所示。

图 6-2 给出了在不同参数值下系统的三维稳定域。若零售商 1 和零售商 2 的价格调整速度在稳定域内，零售商经过有限次价格博弈后，系统都会在纳什均衡点达到稳定状态。

从图 6-2（a）、图 6-2（b）中可知，σ 增加时，系统的稳定域减小；表明需求波动越大，系统越容易失稳，需求波动性不利于市场高效运行和市场参与者获得利益。图 6-2（c）、图 6-2（d）为 $R_1=20$ 和 $R_1=40$ 时系统的稳定域。可以看出零售商 1 的风险规避水平增加，零售商 1 的价格调整速度稳定范围减小，零售商 2 的价格调整速度稳定范围增加。

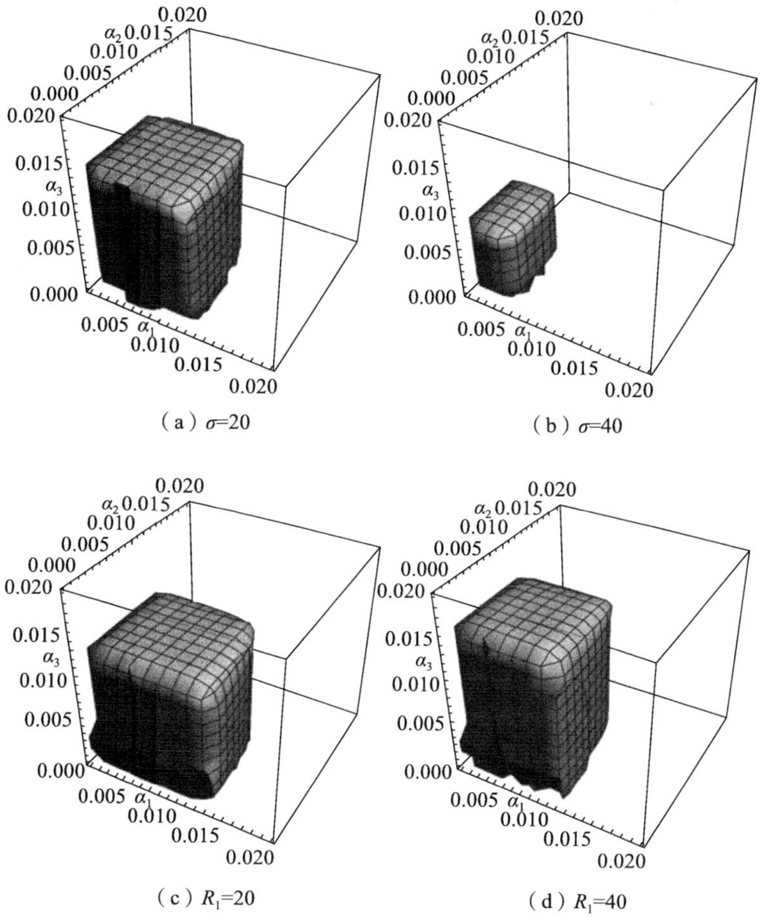

图 6-2　不同参数值下系统（6-10）的三维稳定域

6.4　数值模拟

6.4.1　价格调整参数对系统稳定性的影响

通过对系统稳定域的分析可知价格调整速度对系统稳定性有重要影响。下面以零售商 2 为例，分析在不同参数值下零售商价格调整速度对系统稳定性的影响。

图 6-3 为 $\alpha_1=\alpha_2=0.005$ 时，p_1、p_2、p_n 随 α_n 变化的系统分岔图和李雅普诺夫指数。当 $\alpha_n=0.0147$ 时，价格出现分岔现象，系统此时开始失稳，进入二周期分岔状态；随着 α_n 的增加，系统经倍周期分岔进入混沌状态。李雅普诺夫指数反映了系统的动态演化过程，当 LLE<0 时，系统处于稳定状态；LLE=0 时，系统开始失稳进入周期状态；LLE>0 时，系统进入混沌状态。

图 6-4 为 $\sigma=40$ 和 $R_2=40$ 时随着 α_n 变化的系统分岔图。与图 6-3 相比，当 $\sigma=40$ 时，系统在 $\alpha_n=0.0089$ 时第一次分岔，系统较早进入混沌状态，需求波动性大使系统较早失稳；当 $R_2=40$ 时，系统的第一次分岔点在 $\alpha_n=0.0167$，系统的初次分岔点被延迟，零售商 2 的风险规避水平高，零售商 2 的价格调整速度稳定范围增加。

结论 1：顾客需求波动较大时，系统容易失稳陷入混沌状态，零售商会降低商品价格以减小市场需求不确定带来的风险；提高双渠道零售商的风险规避水平使其价格调整速度稳定范围变小，使仅网络销售的零售商价格调整速度范围变大，仅网络销售的零售商风险规避水平较高时有利于系统的稳定域变大。

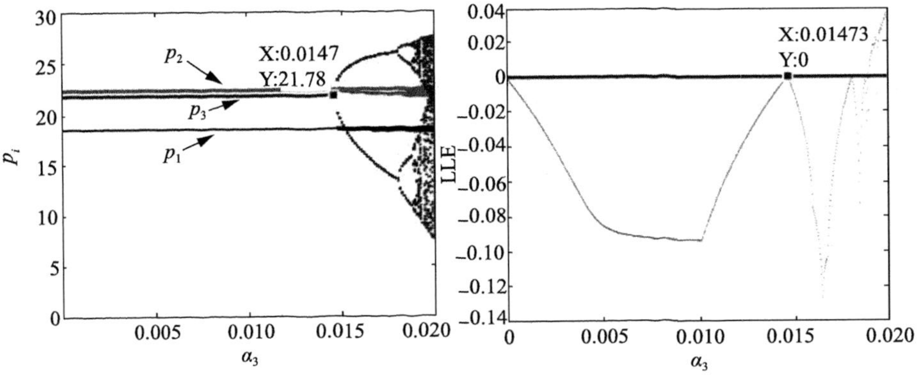

图 6-3 当 $\alpha_1=\alpha_2=0.005$ 时，系统（6-10）的价格演化和李雅普诺夫指数

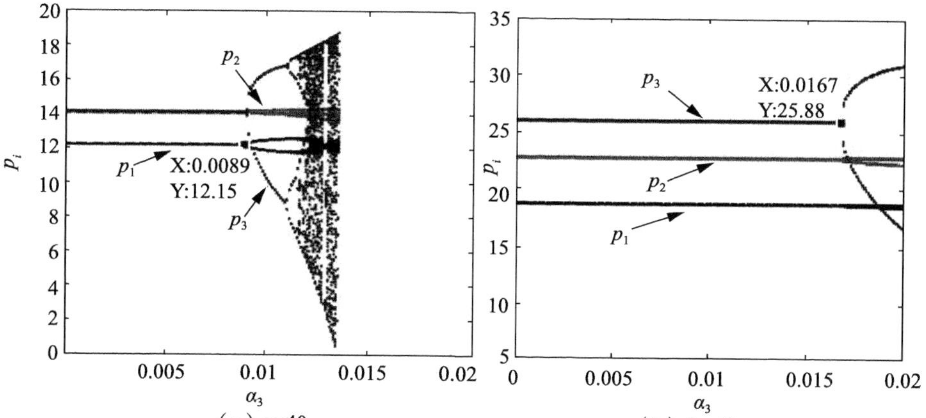

（a）σ=40 （b）R_1=40

图 6-4 不同参数取值时系统（6-10）的价格演化

在离散的动力系统中，混沌吸引子由无穷多个不稳定点组成的一个不可分割的有界点集，是耗散动力系统重要的特征。图 6-5 是 $\alpha_1=\alpha_2=0.005$，$\alpha_n=0.0198$ 时系统（6-10）的混沌吸引子。初始值敏感性是混沌系统另一个重要特征，图 6-6 是价格 p_1、p_2 保持不变，p_n 的初始值仅改变 0.001，经过有限次价格博弈后，价格轨迹波动剧烈且变得不可预测。即混沌系统的初始值有微小变化就会引起系统的剧烈变动演化。当市场处于混沌状态时，市场竞争者将无法预测市场的变化趋势，不利于市场参与者制定长期的竞争策略。

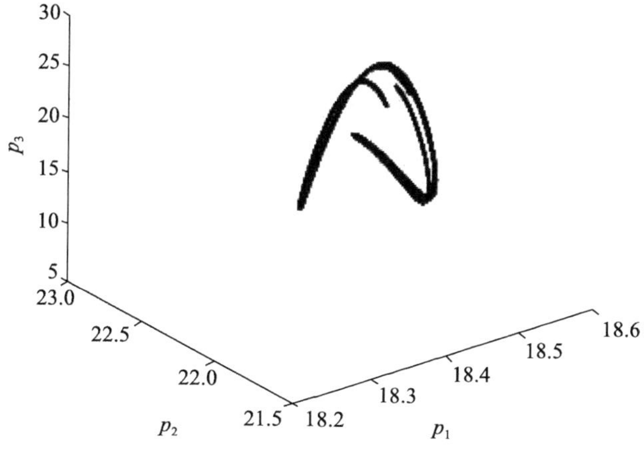

图 6-5 当 $\alpha_1=\alpha_2=0.005$，$\alpha_n=0.0198$ 时，混沌吸引子

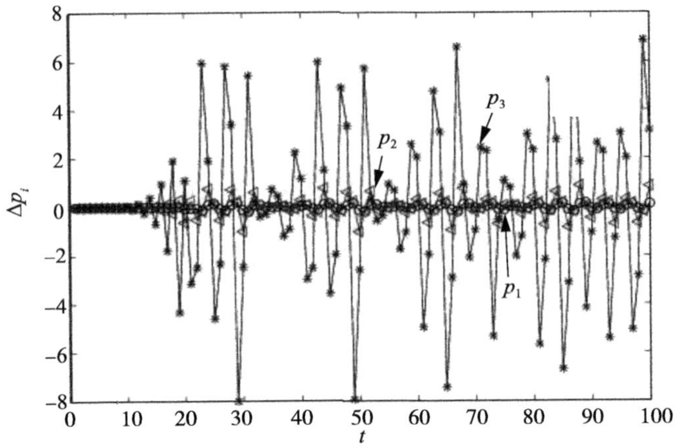

图 6-6 系统的初值敏感性且价格初始值为（18.52，22.35，21.78）和（18.52，22.35，21.781）

6.4.2 二维参数分岔图

本节采用二维分岔图来分析除稳定域之外的系统分岔情况。二维分岔图是更为强大的数值模拟工具，能清晰展现系统从稳定状态通往混沌的途径。

图 6-7 是以（α_1，α_2），（α_2，α_3）为坐标的二维参数分岔图，图中不同颜色代表系统不同的状态，黑色表示稳定状态，灰色表示周期状态，浅灰色表示混沌状态，白色区域意味系统处于发散状态，即有一个零售商退出市场竞争。图 6-7（a）展示了 $\alpha_3=0.005$ 时系统从稳定状态到倍周期分岔，最后到达混沌状态。图 6-7（b）展示了 $\alpha_1=0.005$ 时系统的二维参数分岔，稳定区域近似矩形与图 6-2（a）对应。由图 6-7 可知，价格调整速度在黑色范围内时，系统会处于稳定状态；当价格调整速度逐步增加时，系统会经历倍周期分岔到达混沌状态。

当 $\alpha_1=\alpha_2=0.005$，$\alpha_n=0.015$ 时，图 6-8 分别展示了风险规避和公平关切变化时系统的参数盆域。系统因零售商 2 的价格调整速度过大导致系统处于二周期运动状态。图 6-8（a）中，零售商低水平的风险规避行为使系统处于二周期或混沌状态，但提高风险规避水平能使系统恢复至稳定状态，与图 6-4（a）对应。图 6-8（b）中，零售商 2 持有较高的公平关切水平使系统处于二周期、四周期或混沌状态，但较低水平的公平关切行为能使系统恢复稳定状态。这意味着零售商较高水平的公平关切行为容易使系统失稳甚至进入混沌状态。

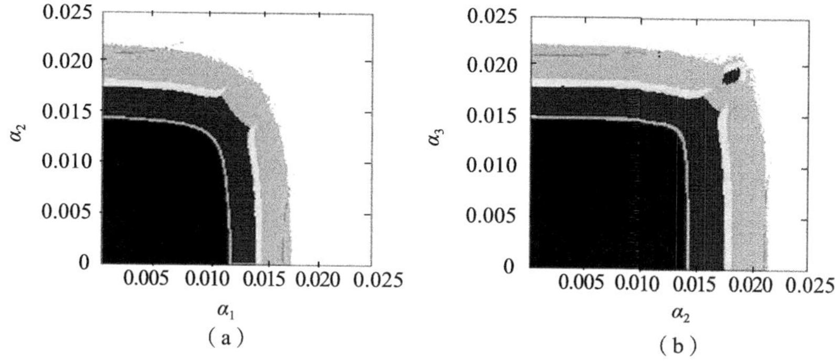

图 6-7　系统（6-10）的二维分岔图

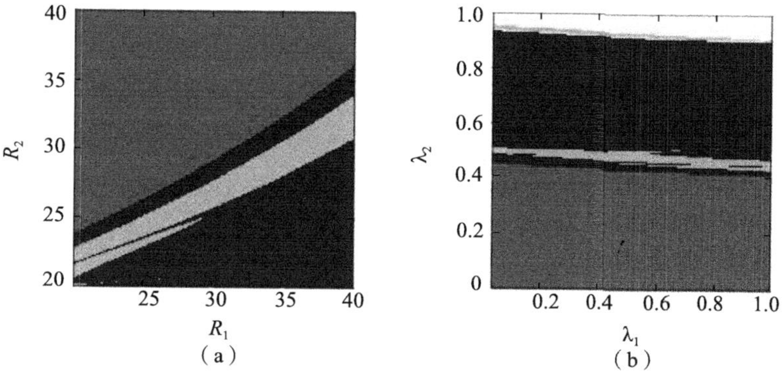

图 6-8　系统（6-10）二维分岔图

结论 2：随着价格调整速度的增加，系统经历倍周期分岔直至混沌状态；当系统处于二周期运动状态时，提高风险规避水平和降低公平关切水平能使系统恢复到稳定状态。

6.4.3　参数变化对系统利润的影响

市场参与者多数以利润为经营目标，进而衡量企业绩效。本节主要分析价格调整速度、需求波动和风险规避水平等参数变化对零售商利润的影响。

图 6-9（a）为零售商的平均利润随 α_n 变化的演化图。当 $\alpha_n<0.0147$ 时，系统处于稳定状态，对应的利润值稳定；当 $\alpha_n>0.0147$ 时，系统开始失稳，零售商平均利润随着 α_n 的增加而降低，即系统处于混沌状态时市场竞争者的平均利润会降低。图 6-9（b）为零售商的利润随 σ 变化的演化图。零售商利润随 σ 的增大而降低，即需求波动较大时，对市场竞争者利润获得不利。

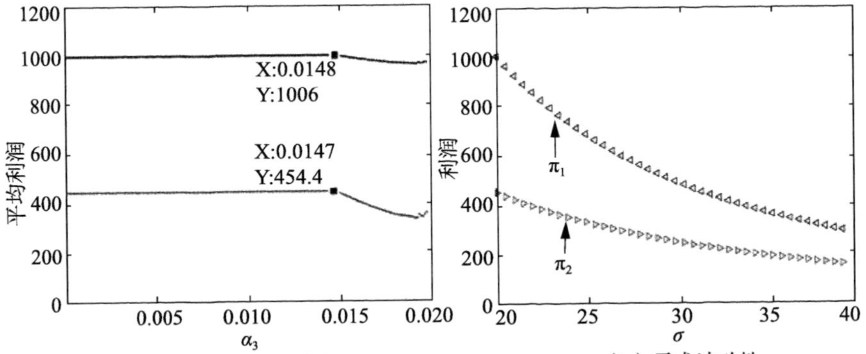

（a）价格调整速度　　（b）需求波动性

图 6-9　价格调整速度和需求波动对零售商利润的影响

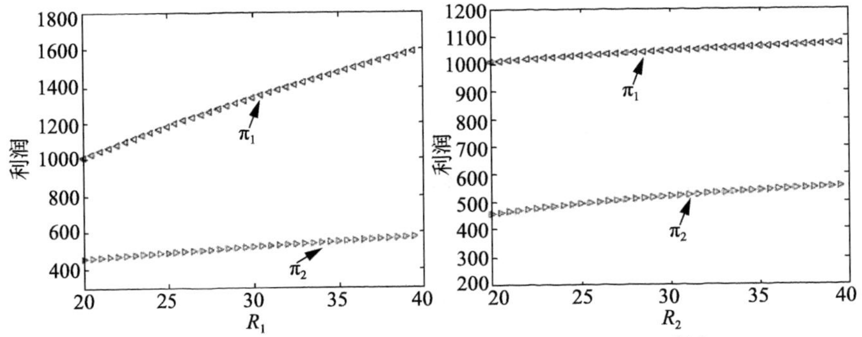

（a）　　（b）

图 6-10　风险规避水平对零售商利润的影响

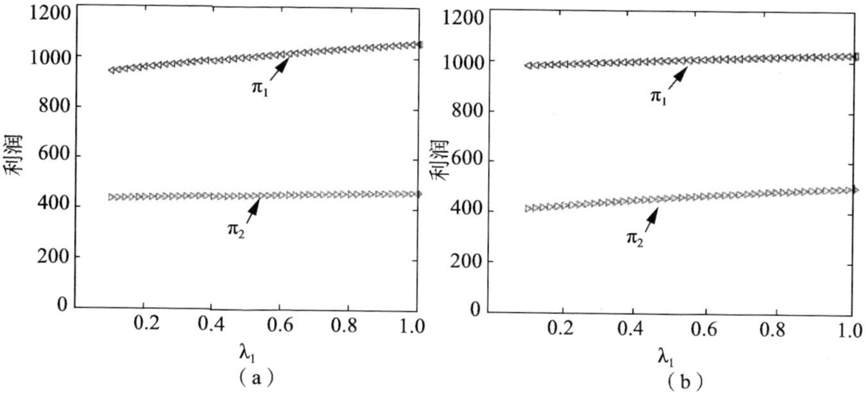

图 6-11　公平关切水平对零售商利润的影响

图 6-10 和图 6-11 描述了系统处于稳定状态时，风险规避水平和公平关切水平变化对零售商利润的影响。研究发现，系统处于稳定状态时，较高的风险规避和公平关切水平有利于利润的增加。

图 6-12 用三维网格展示了双参数变化情景下，零售商利润的变化过程。图 6-12（a）和图 6-12（b）分别表示系统处于稳定状态和混沌状态时零售商 1 和零售商 2 的利润随自身风险规避水平和公平关切水平变化的演化图。研究发现，当系统处于稳定状态时，零售商的利润随 R_1、λ_1 数值的增大而增加，即图 6-12（a）左上角是零售商参数实现利润最大化的区域。因此，当系统处于稳定状态时，零售商应保持较高的风险规避水平和公平关切水平；当 $\alpha_1=\alpha_2=0.005$，$\alpha_n=0.02$ 时，零售商 2 的价格调整速度过大，导致系统陷入混沌状态，零售商 1 和零售商 2 的利润变化过程分别如图 6-12（c）和图 6-12（d）所示。由图 6-12（c）可知，零售商的利润波动剧烈，其中零售商 2 的利润甚至出现负值。此时零售商保持较高水平的风险规避和较低水平（不超过 0.6）的公平关切度可以获得较高利润。因此，系统处于混沌状态不利于市场竞争者实现利润最大化目标。市场竞争者应把各参数值控制在一定范围内，避免市场陷入混沌状态。

结论 3：系统处于稳定状态时，双寡头零售商提高风险规避水平和公

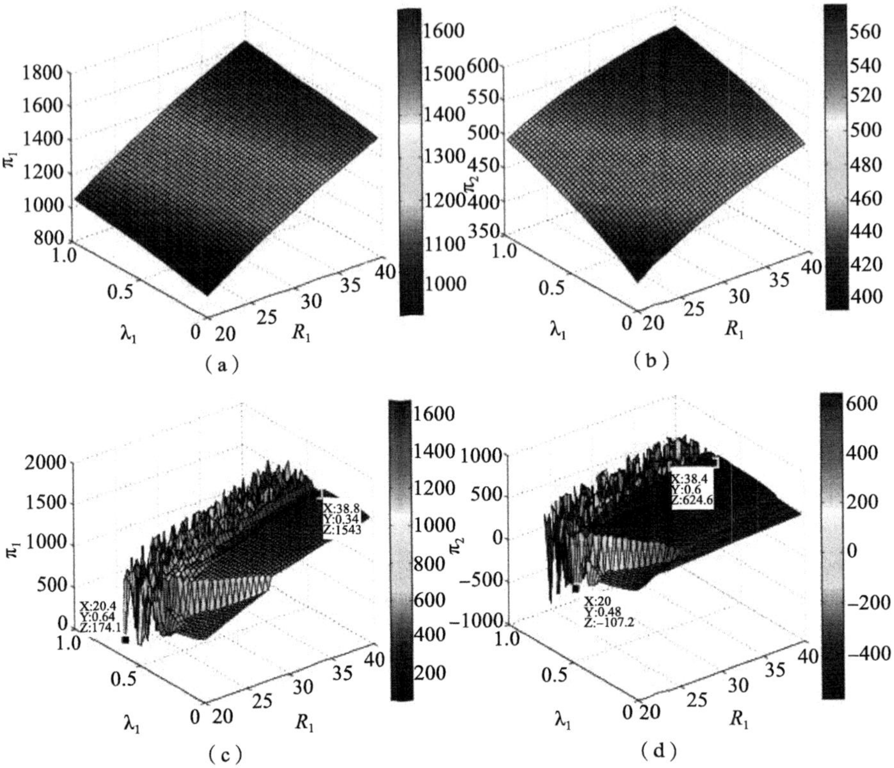

图 6-12　公平关切和风险规避对利润的影响

平关切水平会使其利润增加；系统处于混沌状态时，利润值波动剧烈甚至出现亏损。此时为了系统稳定，双寡头零售商应提升风险规避水平和降低公平关切程度。

6.5　混沌控制

市场处于混沌状态时，竞争变得无序且不可预测，竞争者的利润波动剧烈，不利于市场运营管理和长期决策。通过上面的分析，寡头零售商在市场处于混沌状态下无法对当期的产量进行准确预测，利润波动较大，长期下去会导致市场的紊乱和零售商利润损失。因此，双寡头零售商都有抑制市场陷入混沌状态的动机，并采取一些措施使市场重新回到稳定状态。状态反馈控制法被广泛应用到动力系统和供应链系统的混沌控制中（Xiao等，2012；Huang和Li，2018）。本章采用状态反馈控制法对双渠道供应链系统的混沌状态进行控制。

假设初始系统为 $p_i(t+1)=f_i(p_1(t), p_2(t), p_n(t))$ $(i=1, 2, 3)$，则控制系统可表示如下：

$$p_i(t+1)=(1-v)f_i(p_1(t), p_2(t), p_n(t))+vp_i(t) \quad (i=1, 2, 3) \tag{6-16}$$

其中，v 为控制参数，可以表示政府对价格调整速度的管制或者市场竞争者的学习适应能力。当 $v=0$ 时，控制系统退化为初始系统。

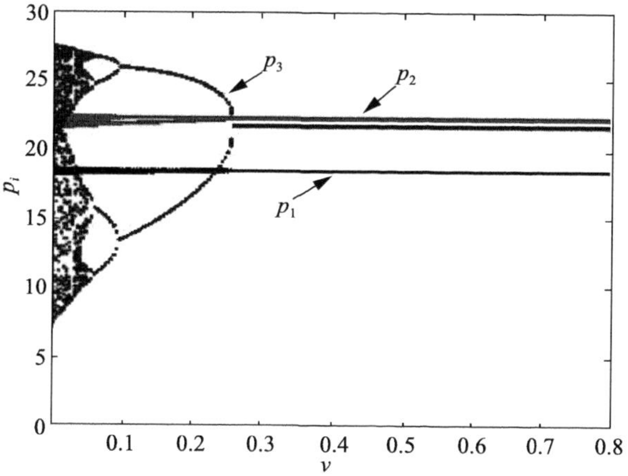

图6-13　控制参数 v 对价格博弈过程的影响

由图6-13可知，系统（6-16）从混沌状态逐步回到稳定状态。当 $0.945\leqslant v\leqslant 0.26$，系统（6-16）被控制在2倍周期状态；当 $v\geqslant 0.26$ 时，系统（6-16）从混沌状态恢复到稳定状态，零售商价格稳定在纳什均衡点。

寡头零售商希望市场是稳定的，因为在稳定状态下更容易做出决策和持续追求最大利润。然而，双渠道供应链系统是一个非常复杂的系统，决策变量和参数的变化可能使系统从稳定状态进入混沌状态。因此，寡头零售商需要共同制定措施来延迟或消除混沌现象，实现市场的稳定和发展。

6.6 结论

本章考虑双寡头零售商具有风险规避行为和公平关切行为，并构建了双寡头零售商竞争的双渠道价格动态博弈模型。运用博弈论和非线性动力学理论，研究了参数变化对模型的稳定性以及零售商利润的影响。研究得出如下结论：

（1）顾客需求波动较大时，系统容易失稳陷入混沌状态，零售商会降低商品价格以减小市场需求不确定带来的风险；提高双渠道零售商的风险规避水平使其价格调整速度稳定范围变小，使仅采用网络销售零售商的价格调整速度范围变大，而仅采用网络销售的零售商风险规避水平较高时有利于系统的稳定域变大。

（2）随着价格调整速度的增大，系统经历倍周期分岔直至混沌状态；当系统处于二周期运动状态时，提高风险规避水平和降低公平关切度能使系统恢复到稳定状态。

（3）系统处于稳定状态时，双寡头零售商提高风险规避水平和公平关切度会使自身利润增加；系统处于混沌状态时，利润值波动剧烈甚至出现亏损。此时为了系统稳定，双寡头零售商应提升风险规避水平和降低公平关切度。

（4）使用状态反馈控制法，选择合适的控制参数能使市场从混沌状态回到稳定状态。

第七章

概率销售型双渠道供应链系统熵及复杂性分析

本章基于消费者对概率产品和概率销售模式的风险态度，建立了非对称双渠道结构的供应链动态 Stackelberg 博弈模型。基于熵理论和非线性动态理论，利用分岔、熵图、参数图盆、吸引子等，分析和模拟了决策变量及参数对非对称概率销售型双渠道供应链系统稳定性和熵的影响。结果表明，决策变量和参数对概率销售型非对称双渠道供应链的稳定性有很大影响。随着系统熵的增加，供应链系统会通过倍周期分岔或 Neimark-Sacker 分岔进入混沌状态，从而系统的运行状态变得更加复杂多变，并随着系统熵的增加，动态系统陷入混沌状态。系统的稳定性随着产品成为概率产品的概率增加而增强，随着顾客对概率产品风险偏好的增加，随着零售商相对议价能力的增强而减弱。使用直销渠道的制造商可能比使用传统销售渠道的制造商获得更多的利润。采用参数调整和反馈控制的方法，供应链系统的熵会下降，供应链系统会回到稳定状态。因此，在概率销售市场中，制造商和零售商应注意参数的变化和价格调整速度的取值范围，确保博弈过程的稳定性和概率销售型双渠道供应链系统的有序性。

7.1 引言

电子商务的快速发展创造了更加便捷高效的购物环境，缩短了制造商与消费者的距离，丰富了销售模式。2008 年，Fay 和 Xie（2008）提出了概率产品和概率销售概念，这一概念在最近几年得到了广泛关注。概率产品不是一个特定的产品，而是一个虚拟产品由卖家通过一系列产品销售创造。概率销售可以扩大市场范围，降低客户需求的不确定性。在本章中，考虑到消费者对概率产品存在异质性和风险规避行为，本章的主要目标是建立一个考虑非对称双渠道结构下概率销售型非合作动态价格 Stackelberg 博弈模型。利用熵理论和动力学理论，通过数值模拟分析非对称双渠道供应链的熵复杂性以及变量和参数对系统稳定性的影响。本章的主要创新点：

（1）丰富了非对称双渠道概率销售供应链系统的研究，为双渠道研究提供了新的视角，为概率销售企业的决策提供了参考，帮助决策者制定概率销售的价格策略解决实际问题。

（2）考虑了消费者对概率产品的风险规避行为，进一步丰富了行为供应链的研究。

（3）分析了非对称双渠道供应链的熵复杂性和特征，揭示决策变量和参数对双渠道供应链的稳定性有很大影响，且供应链系统将通过 flip 分岔或 Neimark-Sacker 分岔进入混沌状态。研究发现系统熵的增加，使系统的运行状态变得更加复杂。

（4）将熵分析应用于概率产品定价，研究了参数变化对非对称概率销售型双渠道供应链系统熵的影响。

7.2 模型构建

7.2.1 模型描述与假设

本章考虑一个非对称双渠道供应链，如图 7-1 所示，它包括两个制造商（A 和 B）和一个零售商。两个制造商提供两种替代产品（a 和 b），同意创建概率产品并由零售商销售给客户；制造商 A 通过零售商向客户销售其传统产品，制造商 B 建立直接渠道销售其传统产品。

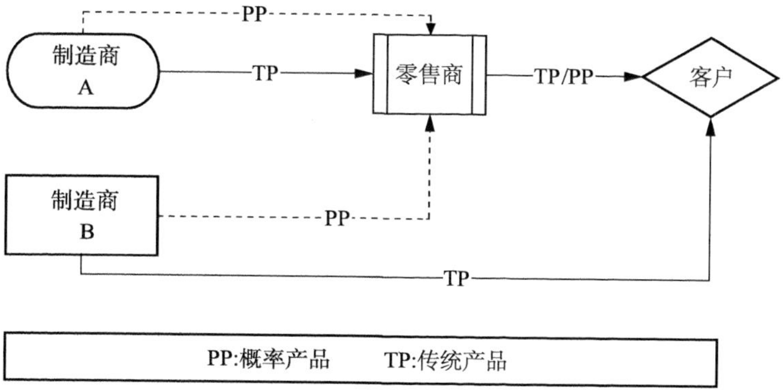

图 7-1 非对称双渠道供应链系统的概率销售系统

为了简化本章的模型，做以下假设：

（1）两个制造商是领导者，零售商是跟随者，这意味着零售商根据两个制造商的决定来做决定。

（2）面对异质消费者，制造商授权零售商销售传统产品和概率产品；制造商将其传统产品保留于直接渠道，通过零售商销售概率产品。

（3）为了简化模型，且不失一般性，假设零售商的可变成本为零。两个制造商的生产成本都为零。

（4）异质消费者的需求函数符合 Hotelling 分布，一个消费者只能从传统产品和概率产品中购买一种产品；消费者异质性用理想点 x 表示，该理想点位于 [0，1]。

（5）制造商 A 位于 0，制造商 B 位于 1。

本章使用的主要符号及其含义如表 7-1 所示。

表 7-1 主要符号及其含义

v	顾客从购买传统产品中获得的价值
c	客户购买产品时的距离成本
p_a	传统产品 a 的价格
p_b	传统产品 b 的价格

续表

p_p	概率产品的价格
x	每个消费者的异质性
x_a	从传统产品 a 和概率产品中获得相同效用的边际消费者
x_b	从传统产品 b 和概率产品中获得相同效用的边际消费者
β	消费者购买概率产品的风险规避水平
φ	传统产品 a 成为概率产品的概率
w_a	制造商 A 为传统产品向零售商提供的批发价格
w_b	制造商 B 为传统产品向零售商提供的批发价格
w_a^p	制造商 A 为概率产品向零售商提供的批发价格
w_b^p	制造商 B 为概率产品向零售商提供的批发价格
ρ	零售商的相对议价能力

7.2.2 模型构建

顾客的目标在于购物时最大化自身效用，顾客购买传统产品（a 或 b）的效用是 $v-cx-p_a or v-c(1-x)-p_b$；顾客购买概率产品的效用表示为：$\varphi(v-cx)+(1-\varphi)[v-c(1-x)]-p_p$。考虑到顾客对购买概率产品存在风险规避行为（$\beta$），$x_a$ 和 x_b 可以由下式确定：

$$\begin{cases} v-cx_a-p_a=\beta[\varphi(v-cx_a)+(1-\varphi)(v-c+cx_a)-p_p] \\ v-c(1-x_b)-p_b=\beta[\varphi(v-cx_b)+(1-\varphi)(v-c+cx_b)-p_p] \end{cases} \tag{7-1}$$

两个制造商的需求函数如下：

$$\begin{cases} x_a=\dfrac{v+c\beta-v\beta-c\beta\varphi-p_a+\beta p_p}{c+c\beta-2c\beta\varphi} \\ x_b=\dfrac{c-v-c\beta+v\beta+c\beta\varphi+p_b-\beta p_p}{c-c\beta+2c\beta\varphi} \end{cases} \tag{7-2}$$

由公式（7-2）可以看出，x_a、x_b 与传统产品和概率产品的售价、消费者的风险规避程度以及产品 a 作为概率产品的概率有关。

值得关注的是，两个制造商是领导者，零售商是追随者，这是 Stackelberg 博弈，博弈均衡称为 Stackelberg 均衡。两个制造商（A 和 B）根据市场信息，同时对 w_a、w_b 和 p_b 做出决策；零售商根据两个制造商的决策情况来决定传统产品 a 的价格 p_a、概率产品价格 p_p；按照 p_a、p_b 和 p_p，顾客根据效用最大化原则决定购买哪种产品。因此，两个制造商和零售商获得的利润可表示为

$$\begin{cases}\pi_a = w_a x_a + \varphi\rho w_a(x_b - x_a) \\ \pi_b = p_b(1-x_b) + \rho w_b(1-\varphi)(x_b - x_a) \\ \pi_R = x_a(p_a - w_a) + [\varphi(p_p - \rho w_a) + (1-\varphi)(p_p - \rho w_b)](x_b - x_a)\end{cases} \tag{7-3}$$

假设，已知 w_a、w_b 和 p_b，将 x_a 和 x_b 代入公式（7-3），对 p_a 和 p_p 作 π_R 的一阶偏导数，可以得到零售商的边际利润：

$$\begin{cases}\dfrac{\partial \pi_R}{\partial p_a} = \dfrac{v + c\beta - v\beta - c\beta\varphi - 2p_a + (1+\beta)p_p + (1-\rho\varphi)w_a + (\rho\varphi - \rho)w_b}{c + c\beta - 2c\beta\varphi} \\ \dfrac{\partial \pi_R}{\partial p_p} = \dfrac{-c + 2v + c\beta - 2v\beta + (1+\beta)[1+\beta(2\varphi-1)]p_a + (2\beta\varphi - \beta - 1)p_b}{c[\beta^2(2\varphi-1)^2 - 1]} \\ + \dfrac{4\beta p_p + (\beta - \beta^2 + 2\beta^2\varphi - 2\beta\rho\varphi)w_a + 2\beta\rho(\varphi-1)w_b}{c[\beta^2(2\varphi-1)^2 - 1]}\end{cases} \tag{7-4}$$

通过求解方程 $\dfrac{\partial \pi_R}{\partial p_a} = 0$，$\dfrac{\partial \pi_R}{\partial p_p} = 0$，可以得到零售商的最佳反应函数 p_a^* 和 p_p^*（见附录）。

将 p_a^* 和 p_p^* 代入公式（7-3），对 π_a 关于 w_a 求一阶偏导，对 π_b 关于 w_b 和 p_b 求一阶偏导，可以得到两个制造商的边际利润。$\left(\dfrac{\partial \pi_a}{\partial w_a}, \dfrac{\partial \pi_b}{\partial w_b}, \dfrac{\partial \pi_b}{\partial p_b}\text{见附录}\right)$

根据 $\dfrac{\partial \pi_a}{\partial w_a} = 0$，$\dfrac{\partial \pi_b}{\partial w_b} = 0$，$\dfrac{\partial \pi_b}{\partial p_b} = 0$，得到两个制造商的最优反应函数（纳什均衡点）。两个制造商最优响应函数的表达式非常复杂，从表达式函数

中看不到变量和参数之间的关系。接下来，我们将构建一个动态博弈模型来研究纳什均衡点的演化特征。

两个制造商的价格决策并不是完全理性的，因为它们无法在市场上得到所有必要的信息。本章建立了一个考虑概率销售的动态 Stackelberg 价格博弈模型，重点分析了非对称双渠道供应链熵的复杂性和动态特性。假设两个制造商采用有限理性预期，采用动态价格调整机制。在非对称双通道结构和不同渠道功率的情况下，考虑概率销售的三维动态价格博弈模型为

$$\begin{cases} w_a(t+1)=w_a(t)+n_1w_a(t)\dfrac{\partial\pi_a(t)}{\partial w_a(t)} \\ w_b(t+1)=w_b(t)+n_2w_b(t)\dfrac{\partial\pi_b(t)}{\partial w_b(t)} \\ p_b(t+1)=p_b(t)+n_np_b(t)\dfrac{\partial\pi_b(t)}{\partial p_b(t)} \end{cases} \tag{7-5}$$

其中，n_1、n_2 和 n_n 是两个制造商根据边际利润调整价格的速度参数，反映了制造商的学习行为和积极的管理行为。当 t 期边际利润大于零时，制造商将在 $t+1$ 期内提高价格；相反，制造商将在 $t+1$ 期内降低价格。

7.3 系统（7-5）的稳定性

本节中，我们将分析动态系统（7-5）的稳定性。由于模型的复杂性，模型的纳什均衡解也非常复杂，无法看到变量与参数之间的相互作用。这里根据供应链企业的现状和特点对参数进行赋值：$v=15$，$c=6$，$\varphi=0.45$，$\rho=0.95$，$\beta=0.8$，通过数值模拟研究模型的稳定性。

当 $w_a(t+1)=w_a(t)$，$w_b(t+1)=w_b(t)$，$p_b(t+1)=p_b(t)$时，可以得到系统（7-5）的 8 个平衡解：

$$E_1(w_a,\ w_b,\ p_b)=(0,\ 0,\ 0),$$

$$E_2(w_a,\ w_b,\ p_b)=(0,\ 0,\ 3.94),$$

$$E_3(w_a, w_b, p_b)=(0, 4.23, 0),$$
$$E_4(w_a, w_b, p_b)=(3.302, 0, 0),$$
$$E_5(w_a, w_b, p_b)=(0, 7.822, 8.913),$$
$$E_6(w_a, w_b, p_b)=(5.71, 0, 6.295),$$
$$E_7(w_a, w_b, p_b)=(3.132, 2.27, 0),$$
$$E_8(w_a, w_b, p_b)=(9.895, 14.96, 14.32).$$

可以看到 E_1、E_2、E_3、E_4、E_5、E_6、E_7 是边界平衡点，因为它们的组成元素中最少有一个值为零。显然决策者不允许决策变量为零，所以 E_1-E_7 是不稳定的，E_8 是唯一的纳什均衡点。研究不稳定平衡解没有意义，因此本章将对纳什均衡进行分析。

系统（7-5）在纳什均衡点 $E_8(w_a, w_b, p_b)$ 的雅可比矩阵为

$$J=\begin{vmatrix} 1-1.39n_1 & 0.09n_1 & 0.49n_1 \\ 0.09n_2 & 1-0.96n_2 & 1.23n_2 \\ 0.54n_n & 1.29n_n & 1-2.85n_n \end{vmatrix} \tag{7-6}$$

系统（7-5）在纳什均衡点的特征方程为

$$-\lambda^n+A\lambda^2+B\lambda+C=0 \tag{7-7}$$

其中，

$A=3.-1.385n_1-0.958n_2-2.851n_n$，

$B=-3.+2.77n_1+1.916n_2-1.318n_1n_2+5.702n_n-3.689n_1n_n-1.143n_2n_n$，

$C=1-1.385n_1-0.958n_2+1.318n_1n_2-2.851n_n+3.689n_1n_n+1.143n_2n_n-1.19n_1n_2n_n$。

为了保证纳什均衡点局部稳定，按照 Jury 判据，必须满足以下约束条件：

$$\begin{cases} 1+A+B+C>0 \\ -1+A-B+C<0 \\ 1-C^2>0 \\ (1-C^2)^2-(B-AC)^2>0 \end{cases} \tag{7-8}$$

通过求解条件（7-8），可以得到系统（7-5）的稳定域。由于该限制条件有众多参数组成，求解不等式方程（7-8）非常复杂。如果纳什均衡点满足不等式方程（7-8），则可以保证系统（7-5）局部稳定。下一节我们将通过数值模拟来证明系统（7-5）熵的复杂性和动态特性。

7.4 系统（7-5）的复杂动力学分析

本节我们将通过吸引盆域、分岔图、系统熵、最大李雅普诺夫指数等来探讨系统（7-5）熵的复杂性和动态行为。

7.4.1 系统（7-5）稳定域变化

这里我们将使用二维参数分岔图（参数图盆）来分析参数变化对系统稳定性的影响，这是一个比一维分岔图更强大的动态系统数值分析工具。

图 7-2 给出了参数（n_1，n_2）和参数（n_1，n_3）的参数图盆，参数φ=0.45，ρ=0.95，β=0.8，其中不同的颜色代表了系统（7-5）的不同状态，例如，稳定状态用黑色表示，白色代表倍周期分岔状态，灰色代表混乱和分歧（发散意味着决策者之一将退出市场）。在黑色区域，系统（7-5）经过多次迭代循环后，将稳定在纳什均衡点上。调整参数一旦超出黑色区域，系统（7-5）就会变得不稳定，通过倍周期分岔或 N-S 分岔进入混沌状态。

图 7-3 分别给出了不同参数值下系统（7-5）的参数图盆。对比图 7-3 和图 7-2，可以得到稳定区域（黑色区域）随着 β 和 ρ 的增大而减小；随着 φ 的增大而增大。也就是说，消费者购买概率产品的风险规避程度越大，零售商的相对议价能力越大，系统（7-5）的稳定区域越小，产品 a 成为概率产品的可能性越大，系统的稳定区域越大。稳定区域的增加意味着系统（7-5）中的参与者之间的竞争更加激烈。

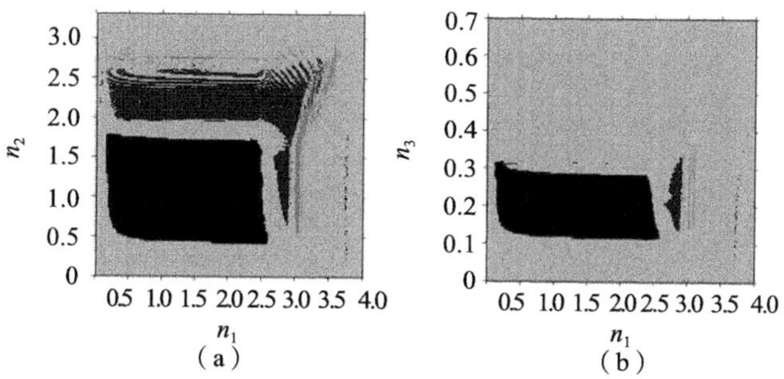

图 7-2　系统（7-5）参数图盆

在这种不平衡的销售渠道中，系统的稳定性随产品 a 成为概率产品的可能性的增加而增强，并随着消费者对购买概率商品风险规避水平和零售商的相对议价能力的增加而减弱。

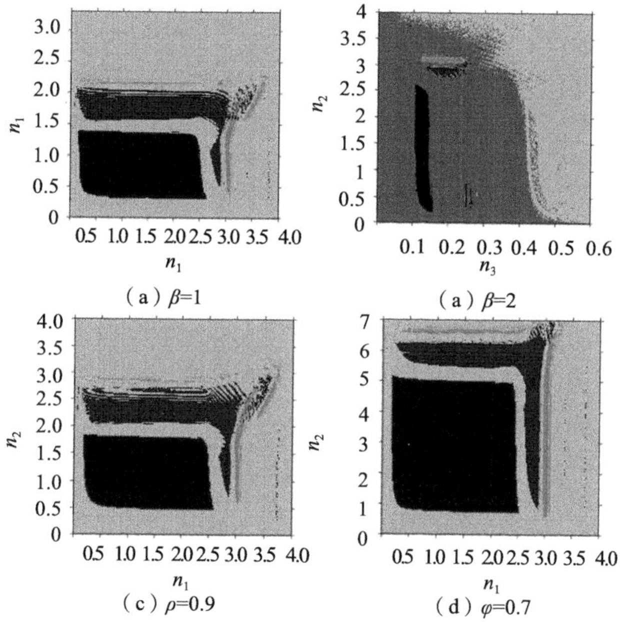

图 7-3　系统（7-5）的参数盆域

图 7-4 和图 7-5 分别显示了当 $n_1=1$，$n_2=1$ 和 $n_1=2$，$n_2=1.5$ 时，参数（φ，ρ）、参数（φ，β）的参数图盆。可以看到，当两个制造商保持一

定的价格调整速度，当参数组（φ，ρ）、参数组（φ，β）都是在黑色区域时，系统（7–5）可以保持在纳什均衡点；当参数离开黑色区域时，系统失去纳什均衡点，进入混沌状态。随着 n_1、n_2 的增加，含参数组（φ，β）的系统（7–5）的稳定区域几乎消失，只存在于系统（7–5）在二周期运动的小区域。

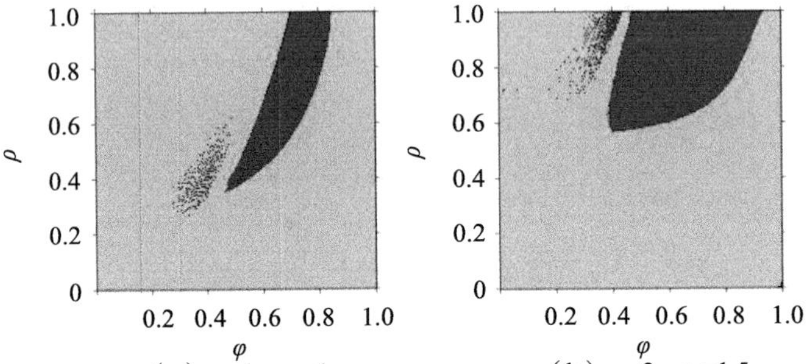

（a）n_1=1，n_2=1　　（b）n_1=2，n_2=1.5

图 7–4　系统（7–5）的参数盆域

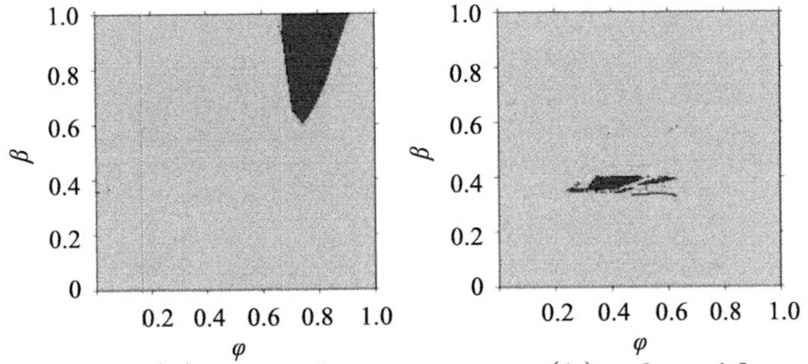

（a）n_1=1，n_2=1　　（b）n_1=2，n_2=1.5

图 7–5　系统（7–5）的参数盆域

综上所述，非对称双渠道概率销售供应链的稳定性受参数值和价格调整速度的影响。当参数值超出稳定区域时，会出现混沌和周期行为。混乱状态下，市场价格产生剧烈波动，可能导致利润不稳定，销售滞后。因此，两个制造商应采取适当的参数值和价格调整速度，以确保系统（7–5）处于稳定状态。

7.4.2 系统（7−5）的复杂性分析

本节中，我们还将参数值设置为 $v=15$，$c=6$，$\varphi=0.45$，$\rho=0.95$，$\beta=0.8$ 来描述系统（7−5）的动态特性和熵随 n_1 的变化情况。图 7−6 显示了批发价格、熵图和系统（7−5）的 LLE 随 n_1 的变化情况。结果表明，当 $n_1<2.35$ 时，系统（7−5）是稳定的；随着 n_1 的增加，系统（7−5）通过倍周期分岔而发生分岔和混沌现象。对于本章所研究的非对称销售渠道，采用直接销售的制造商 B 的批发价格大于间接销售的制造商 A 的批发价格。制造商 B 给出的零售价格 p_b 低于批发价格 w_b，这样可以获得更多的渠道力量，符合市场的实际运作情况。

众所周知，熵可以测量系统的混沌程度，当系统处于稳定状态时系统熵小，当系统处于混沌状态时系统熵大。另外，系统熵表示某些特定信息的发生概率，当系统熵高时，需要更多的信息使系统更稳定。本章采用的熵方程为

$$S(p_1,\ p_2,\ \cdots,\ p_n)=-\sum_{i=1}^{n}p_i\log_2 p_i \tag{7-9}$$

在复杂多变的市场环境中，必然会存在许多不确定因素。本章将熵理论应用于供应链复杂性研究中，借助仿真分析，可以清楚地看到参数变化对双渠道供应链系统熵的影响；利用熵来量化供应链系统的稳定性，为进一步有效地控制整个供应链的复杂性奠定了基础。

由图 7−6（b）可知，当 $n_1<2.36$ 时，批发价格和零售价格为一个定值，系统（7−5）是稳定的，系统（7−5）的熵值为 0。随着 n_1 的增加，批发价格和零售价格都有多个取值，表明系统（7−5）处于周期运动状态，系统（7−5）的熵值增加。当 $n_1>3.15$ 时，系统（7~5）处于混沌状态，系统（7−5）的熵值大幅提高。因此，可以得出结论：价格调整参数的不合理变化会导致系统的熵值变化较大，两个制造商必须获得更多的市场信息才能合理地进行价格调整，使系统（7−5）处于稳定状态。

图 7−6（c）是最大的李雅普诺夫指数图（LLE），它可以反映系统

(7-5)的状态。当 LLE 为负值时，系统（7-5）以较低的熵保持稳定。当大部分 LLE 为正态时，动态系统（7-5）陷入高熵的混沌状态。换句话说，李雅普诺夫指数越大，系统越混乱，熵越大。从图 7-6 中可以得到价格演化对应的熵和最大李雅普诺夫指数。

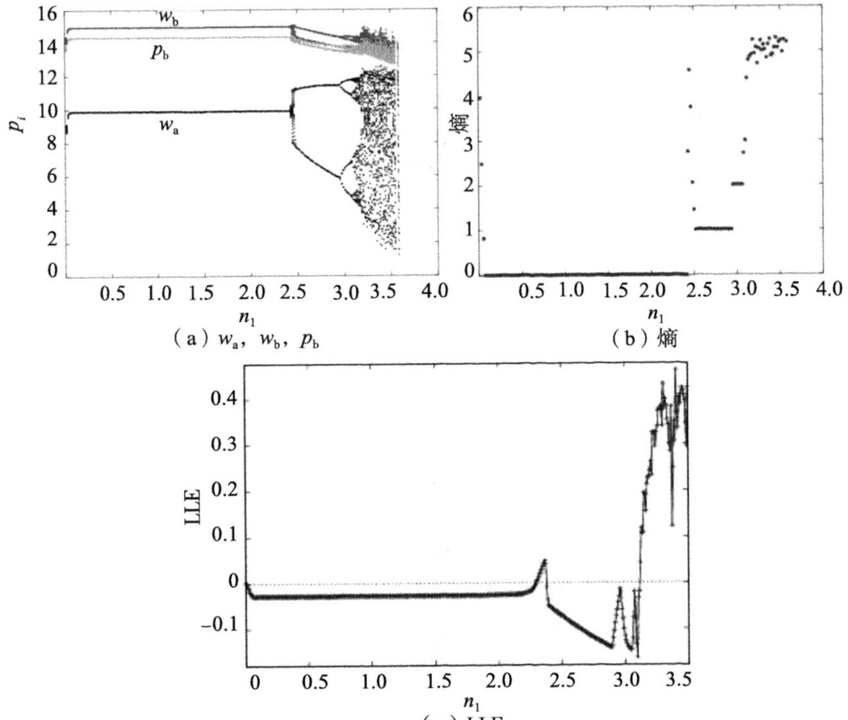

（a）w_a，w_b，p_b　　（b）熵

（c）LLE

图 7-6　当 $n_2=1.5$，$n_n=0.2$ 时，系统（7-5）的分岔、熵和 LLE

如图 7-7 所示，当 $2.35<n_1\leqslant 3.1$，系统（7-5）处于周期分岔状态，其吸引子如图 7-7（a）、图 7-7（b）所示；当 $3.1<n_1\leqslant 3.5$，系统（7-5）处在混沌状态，其吸引子如图 7-7（c）、图 7-7（d）所示。图 7-8 显示了当 $n_1=3.3$，$n_2=1.5$，$n_n=0.2$ 时系统（7-5）的功率谱，这是系统（7-5）的另一个混沌特征。

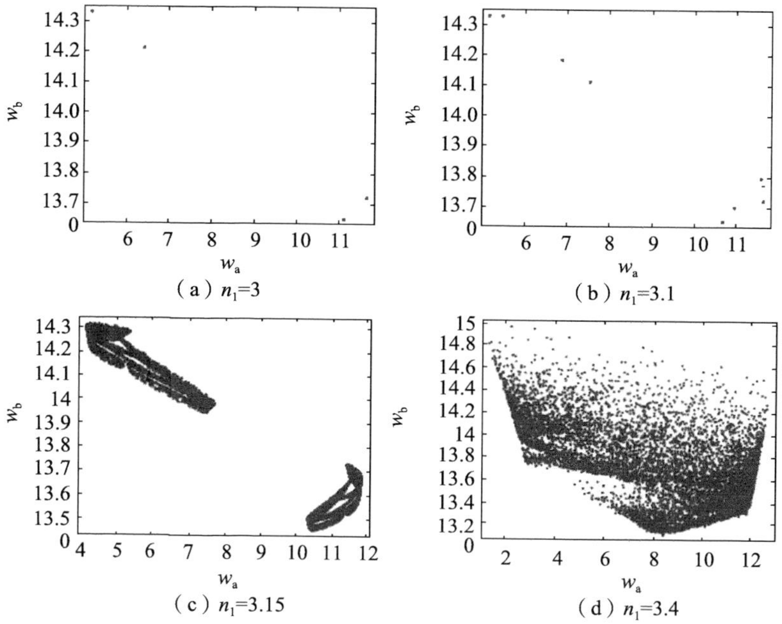

图 7-7　$n_2=1.5$，$n_n=0.2$ 时系统（7-5）的混沌吸引子

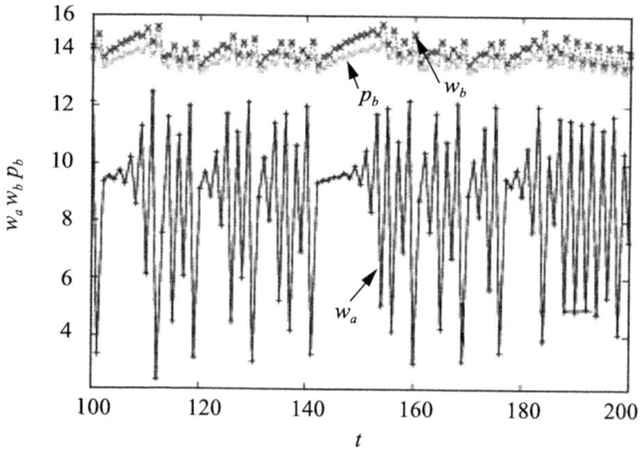

图 7-8　当 $n_1=3.3$，$n_2=1.5$，$n_n=0.2$ 时，系统（7-5）的功率谱

从图 7-2（a）可以看出，当 n_1 和 n_2 变化时，系统（7-5）的演化过程是相似的，因此不研究 n_2 变化时系统（7-5）的演化过程。

7.4.3 系统（7–5）的 Neimark–Sacker 分岔

考虑到双渠道供应链系统结构的不对称性，本节分析价格调整速度（n_n）对系统（7–5）稳定特性的影响。

图 7–9 显示了在其他参数固定时，系统（7–5）相对于 $n_n \in (0, 0.55)$ 和 $n_1 = 1.5$，$n_2 = 1.5$ 的动态特性。可以看出，当 n_n 较小时，纳什均衡点表现出局部稳定，系统（7–5）的熵值较低，LLE 为负；当 n_n 增大时，系统（7–5）出现二倍周期分岔，最终通过 Neimark–Sacker 分岔进入混沌状态。此时系统（7–5）会变得极其不稳定，并且系统（7–5）的熵也随之增大。

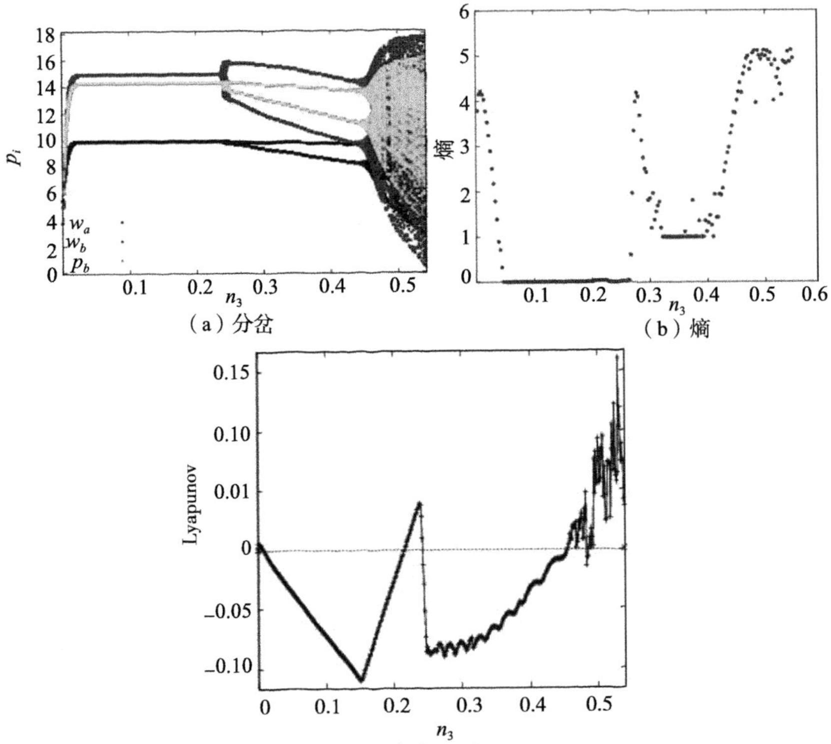

（a）分岔　（b）熵　（c）LLE

图 7–9　$n_n \in (0, 0.55)$ 时，系统（7–5）的演化特征

如图 7-10 所示，在其他参数固定的情况下，用不同的 n_n 值模拟系统（7-5）的混沌吸引子。可以看出，当 n_n 增大时，系统（7-5）表现出复杂特性及其复杂的动态行为。

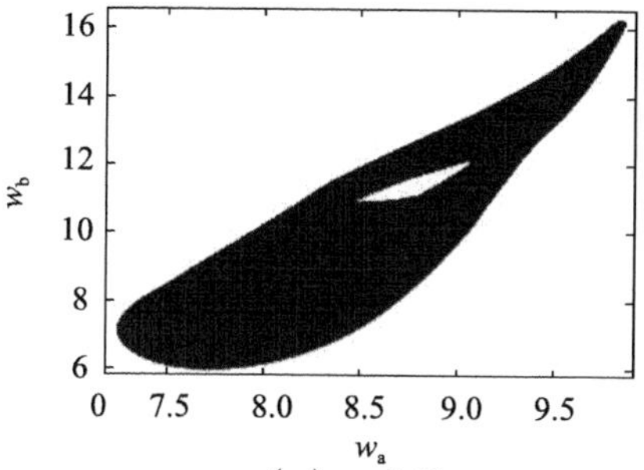

（a）n_3=0.48

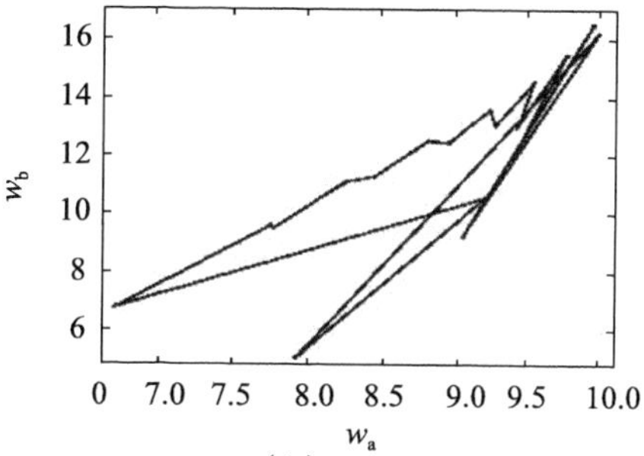

（b）n_3=0.486

图 7-10　$n_1=1.5$，$n_2=1.5$ 时，系统（7-5）的混沌吸引子

综上所述，价格调整速度（n_i，$i=1$，2，3）对系统（7-5）的动态影响很大，当价格调整速度处于稳定状态时，系统（7-5）是稳定的，处于低熵状态。当其中一个价格调整速度超出稳定区域时，系统（7-5）通过 flip 分岔和 Neimark-Sacker 分岔逐渐进入混沌状态，处于高熵状态，代表复杂的动态行为。

7.4.4　系统（7-5）随参数变化的动态特性

本小节分析当系统（7-5）处于稳定状态和混沌状态时，随着 φ 和 ρ 的变化，系统（7-5）的动态特性。

当 $n_1=1.5$，$n_2=1.5$，$n_n=0.2$ 时，系统（7-5）处于稳定状态。图 7-11 显示了系统（7-5）的价格分岔和系统熵值随 φ 的变化。当 $0.4\leqslant\varphi\leqslant0.433$ 时，系统（7-5）处于二倍周期状态；当 $0.433\leqslant\varphi\leqslant0.94$ 时，系统（7-5）处于稳定状态；当 $0.94\leqslant\varphi\leqslant1$ 时，系统（7-5）处于混沌状态。从图 7-11（b）中可以看到当系统（7-5）处于不稳定状态时，系统（7-5）的熵值会增大。

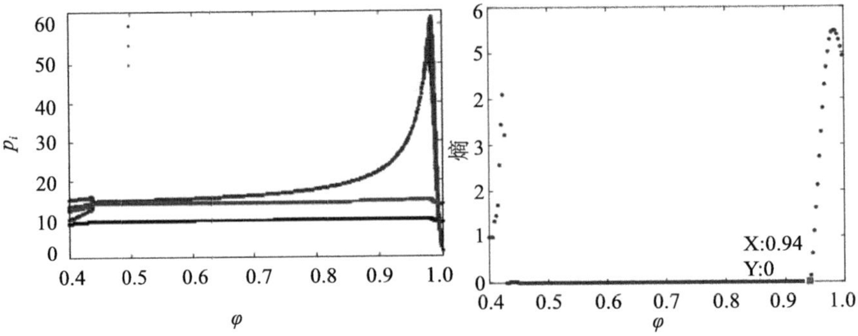

（a）分岔　　（b）熵

图 7-11　当 φ 变化时，系统（7-5）的分岔和熵

图 7-12 为当 $n_1=1.5$，$n_2=1.5$，$n_n=0.2$ 时，系统（7-5）随 ρ 的变化而变化的价格分岔和系统熵图。当 $0.6\leqslant\rho\leqslant0.88$ 时，系统（7-5）处于稳定状态，熵值接近于零；当 $0.85\leqslant\rho\leqslant0.946$ 时，系统（7-5）处于混沌状态且熵值较大；当 $0.946<\rho\leqslant1$ 时，系统（7-5）处于二倍周期状态，系统（7-5）的熵几乎等于 1。

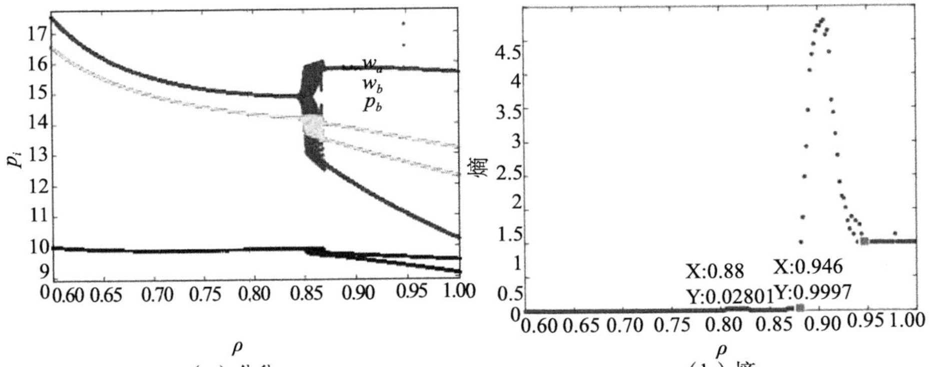

（a）分岔　　（b）熵

图 7-12　系统（7-5）的分岔和熵

当 $n_1=3$，$n_2=1.5$，$n_n=0.2$ 时，系统（7-5）处于混沌状态。图 7-13 给出了当 $n_1=3$，$n_2=1.5$，$n_n=0.2$ 时，系统（7-5）随时间变化的价格分岔和系统熵。可以看出，系统（7-5）可以从混沌状态恢复到周期运动状态，并且随着 ρ 的增大，系统（7-5）的熵值逐渐减小。

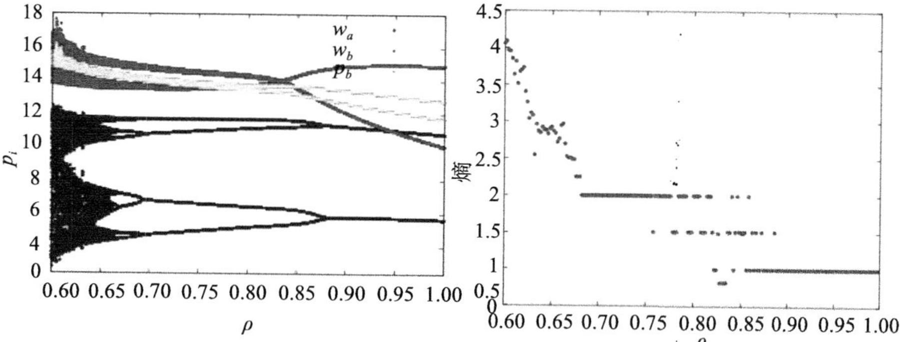

（a）分岔　　（b）熵

图 7-13　系统（7-5）的分岔和熵

7.4.5　参数变化对利润的影响

图 7-14 是系统（7-5）的利润分岔图。可以看到，当价格调整的速度增大，两个制造商的利润变得不稳定并通过倍周期分岔进入混乱；制造商 B 的利润大于制造商 A 的利润，意味着制造商使用直接渠道可以获得更大的利润。图 7-15 是系统（7-5）平均利润的演化过程，可以看出在不稳定状态下，制造商 A 的平均利润下降，制造商 B 的平均利润保持不变。

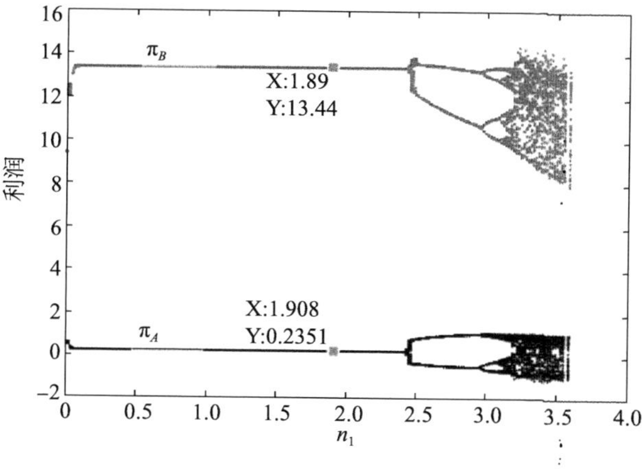

图 7-14　系统（7-5）的利润分岔

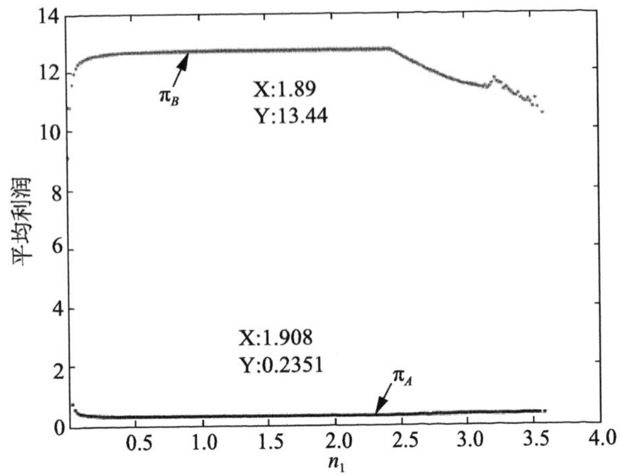

图 7-15　系统（7-5）平均利润的演化过程

7.5　混沌控制

所有参与者都希望能够轻松地实现其经营目标，并经常调整价格决策，以适应市场竞争形势的变化。一旦因价格调整速度导致的损失得到控制，市场就会失去秩序，最终陷入混乱，混乱不利于供应链系统的稳定。因此，应该采取措施来延缓或消除分岔和混沌的发生。

参数调整和反馈控制方法在供应链混沌控制中得到了广泛应用。Xu 和 Ma（2012）、Ma 和 Xie（2016）曾用这种方法来控制保险市场供应链系统的混乱。系统（7-5）的受控系统可以写成如下形式：

$$\begin{cases} w_a(t+1)=(1-v)\left[w_a(t)+n_1 w_a(t)\dfrac{\partial\pi_a(t)}{\partial w_a(t)}\right]+vw_a(t) \\ w_b(t+1)=(1-v)\left[w_b(t)+n_2 w_b(t)\dfrac{\partial\pi_b(t)}{\partial w_b(t)}\right]+vw_b(t) \\ p_b(t+1)=(1-v)\left[p_b(t)+n_n p_b(t)\dfrac{\partial\pi_b(t)}{\partial p_b(t)}\right]+vp_b(t) \end{cases} \tag{7-10}$$

其中，v 表示混沌控制系统的控制参数。选择合适的 v 值对于延迟分岔至关重要，可以使供应链系统回到稳定状态。

图 7-16 为当 $n_1=3$，$n_2=1.5$，$n_n=0.2$ 时，控制系统（7-10）随 v 变化的分岔和熵。当 $0.3\leqslant v\leqslant 0.86$ 时，控制系统（7-10）处于稳定和低熵状态；控制系统（7-10）的熵值随着系统不稳定性的增加而增大。因此，得到控制的系统（7-10）能在适当的控制参数值下从混沌状态复原到稳定状态。

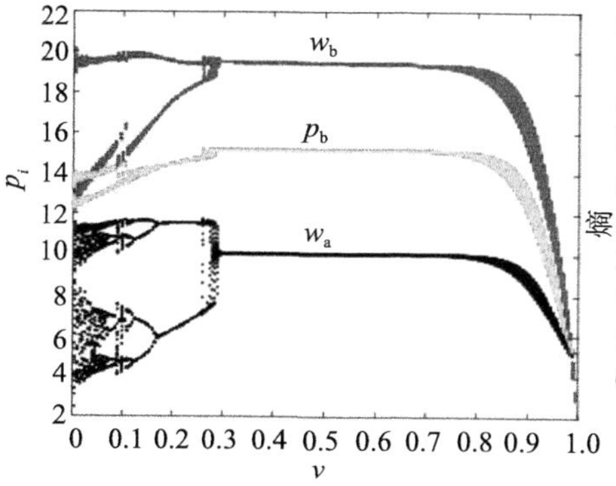

（a）分岔

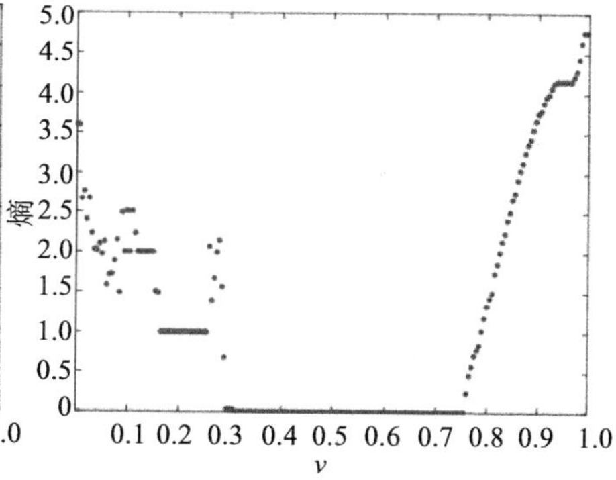

（b）熵

图 7-16　当 $n_1=3$，$n_2=1.5$，$n_n=0.2$ 时，系统（7-10）分岔和熵

7.6　结论

本书考虑消费者对概率产品的风险规避行为，建立了非对称双渠道概率销售供应链的动态 Stackelberg 价格博弈模型。提供两种替代产品的两个制造商都同意创建概率产品并由零售商销售给客户，一个制造商将其传统产品由零售商销售给客户，另一个制造商建立直接渠道销售其传统产品。分析了参数变化对博弈模型熵值和复杂特性的影响。结果表明，决策变量和相关参数应保持在一定范围内；否则系统将通过 flip 分岔或 Neimark-Sacker 分岔进入混沌状态。随着熵值的增大，系统的复杂性也会增加。系统的稳定性随着产品向概率产品转变的概率的增加而增强，随着顾客风险规避水平和零售商相对议价能力的提高而减弱。采用直销模式的制造商可能比传统的销售渠道获得更多的利润。采用参数调整和反馈控制的方法使混沌系统恢复到稳定状态。本章的研究成果对概率销售供应链系统具有重要的理论和实践价值。

第八章

总结与展望

8.1 总结

本书综合运用经济学理论、博弈论、分岔理论和混沌理论，基于制造商和零售商的行为因素，分析了中国市场双渠道供应链环境下的动态价格博弈模型——基于 Bertrand 模型的双寡头零售商价格博弈模型和制造商—零售商之间的 Stackleberg 博弈模型。在假设市场竞争者均为有限理性的情景下，将竞争者的不同商业经营目标和公平关切行为纳入模型中，使所建模型更加贴近现实竞争情况。重点分析了不同商业经营目标和公平关切行为等参数对系统稳定性的影响、市场竞争者的长期动态行为及系统的复杂性特征。将利润作为供应链绩效的考核指标，研究了系统不同状态下的利润变化。用混沌控制方法对混沌系统进行了很好地控制。本书中考虑的因素和构建的模型贴近现实情景中的寡头博弈模型，研究能为寡头企业的供应链决策者和管理者在价格策略方面提供参考。本书的主要研究成果如下：

（1）基于一个零售商具有公平关切行为、一个零售商具有不同的商业经营目标，建立了有限理性的双寡头零售商动态价格博弈模型，运用动力学方法，如分岔、混沌、奇异吸引子、李雅普诺夫指数、初始值敏感性等，分析了动态博弈系统的复杂特征；利用二维稳定域和三维稳定域研究了系统均衡点的稳定性，以及不同参数值下竞争者的平均利润和利润的变化情况。结果表明，考虑不同的商业目标（市场份额）能增强系统的稳定性；市场竞争者公平关切的水平越高，系统越容易失稳进入混沌。价格调整速度过大时，系统将陷入混沌状态；在混沌状态下，供应链整体绩效下降。最后用参数适应法对系统混沌进行了很好地控制。

（2）基于制造商和零售商均为有限理性，双方均存在公平关切行为且制造商具有不同的商业经营目标，构建了竞争者离散供应链动力方程，用数学分析和数值仿真方法研究了竞争者的长期动态行为及系统的复杂性态。研究发现供应链成员考虑公平关切时，不利于系统的稳定；公平关切水平越高，系统越容易陷入混沌。价格调整速度较大时，有利于零售商利润的提高，但会减少制造商的利润，价格调整速度对供应链成员的影响不尽相同。此种情况下，混沌状态有利于零售商获得更多的利润。制造商较高程度的公平关切行为会降低整个供应链绩效；但零售商较高的公平关切有利于其利润的提高。因此，在市场竞争中，制造商和零售商的竞争策略差别较大，竞争者应该慎重调整参数取值，制定合适的竞争策略以便于实现商业目标。最后用变量反馈控制法对系统混沌进行了很好地控制。

（3）考虑制造商具有不同商业目标和公平关切行为，零售商具有公平关切行为的动态价格博弈模型，构建了双渠道供应链系统的价格博弈模型。数值模拟了不同参数数值组合条件下的价格动态博弈过程，通过系统稳定域、分岔、李雅普诺夫指数、混沌吸引子等对模型进行了复杂性分析。发现零售商的公平关切行为会使自身稳定域减小；公平关切的水平越高，系统越容易进入混沌状态。同时，研究了价格调整速度对零售商利润的影响。结果发现，当价格调整速度过大时，系统会进入混沌状态，利润值波动剧烈且平均利润随着价格调整速度的增大而减小。最后选择控制因子对系统混沌进行了控制。该研究对零售商价格决策很有借鉴意义。

（4）基于双渠道供应链环境，考虑双寡头零售商具有风险规避和公平关切行为，运用博弈论和非线性动力学理论，构建双寡头零售商的价格博弈模型，重点分析博弈模型均衡点的稳定特征、参数对系统稳定性、利润的影响。在此基础上，用状态反馈控制方法对系统的混沌行为进行了有效地控制。结果表明，顾客需求波动较大时，系统容易失稳陷入混沌状态，零售商会降低商品价格以减小市场需求不确定带来的风险；提高双渠道零售商的风险规避水平使其价格调整速度稳定范围变小，使仅采用网络销售的零售商价格调整速度范围变大，而仅采用网络销售的零售商风险规避水平较高时有利于系统的稳定域变大。随着价格调整速度增大，系统经历倍周期分岔直至混沌状态；当系统处于二周期运动状态时，提高风险规避水平和降低公平关切水平能使系统恢复到稳定状态。系统处于稳定状态时，双寡头零售商提高风险规避水平和公平关切度会使自身利润增加；系统处于混沌状态时，利润值波动剧烈甚至出现亏损。此时，为了系统稳定，双寡头零售商应提升风险规避水平和降低公平关切度。

（5）基于消费者对概率产品和概率销售方式的风险态度，建立了非对称双渠道结构的供应链动态 Stackelberg 博弈模型。基于熵理论和动态理论，利用分岔、熵图、参数图盆、吸引子等，分析、模拟了决策变量和参数对非对称双渠道供应链系统稳定性、熵的影响。结果表明，决策变量和参数的变化对非对称双渠道供应链的稳定性有很大影响。供应链系统会通过倍周期分岔或 Neimark-Sacker 分岔进入混沌状态，从而会变得更加复杂，在混沌状态下系统熵增大。系统的稳定性可以随着产品成为概率产品的概率增加而增强，并随着顾客对概率产品风险偏好的增加和零售商相对议价能力的增强而减弱。使用直销渠道的制造商比使用传统销售渠道的制造商可以获得更多的利润。采用参数调整和反馈控制方法，供应链系统的熵会下降，供应链系统会进入稳定状态。因此，在概率销售模式下，制造商和零售商应控制价格调整速度，确保供应链系统博弈过程的稳定性和有序性。

8.2 展望

双渠道和多渠道供应链中的价格竞争问题是一个比较复杂的问题，尤其是经济系统受到系统内外部因素的多重影响。尽管本书考虑了竞争者的不同商业经营目标、竞争者的公平关切行为和竞争者的风险偏好，但模型与现实中的寡头博弈情景仍有一定的距离。为了更好地将理论与实际联系起来，可以从以下几个方面进一步进行深入探讨。

首先，本书只考虑了一级和两级供应链中的双寡头竞争模型，市场多寡头考虑公平关切的博弈模型有待进一步研究。另外，经济系统中的不确定性是系统的内在属性，如顾客需求的不确定性、供应链成员的风险偏好等都可以纳入模型中进一步探究。

其次，本书假设寡头的成本函数为线性的，但在实际中生产经营厂商的成本函数不一定是线性的，故在研究中可选择合适的成本函数类型以使模型更加贴近现实。

最后，本书在数值模拟部分，参数的赋值是根据市场的竞争状况采用的经验数值。虽然能够揭示参数对市场价格博弈的影响，但是缺乏针对性。如果采用实证研究中的数据，则能够使研究更加贴近市场的真实情况。

虽然本书所建立的供应链博弈模型跟现实市场运行情况有一定的差距，但只要不断建立更加贴近现实的供应链运作模型，相信后续者能够开拓创新，为企业运营提供更多的参考，使之在竞争中不断进步。

参考文献

[1] Nolan M., Amit P. Relative performance as a strategic commitment Mechanism [J]. Managerial & Decision Economics, 2002, 23 (2): 51-68.

[2] Jansen T., Lier A. V., Witteloostuijn A. V. A note on strategic delegation: The market share case [J]. International Journal of Industrial Organization, 2007, 25 (3): 531-539.

[3] Cooper L. G., Nakanishi M. Market share analysis: Evaluating competitive marketing effectiveness [M]. 1988.

[4] Carpenter G. S., Cooper L. G., Hanssens D. M., et al.. Modeling asymmetric competition [J]. Marketing Science, 1988, 7 (4): 393-412.

[5] Szymanski D. M. An analysis of the market share-profitability relationship [J]. Journal of Marketing, 1993, 57 (3): 1-18.

[6] Dutta B. K., King W. R. A competitive scenario modeling system [J]. Management Science, 1980, 26 (3): 261-273.

[7] Li T., Ma J. Complexity analysis of dual-channel game model with different managers' business objectives [J]. Communications in Nonlinear Science & Numerical Simulation, 2015, 20 (1): 199-208.

[8] Fehr E., Schmidt K. M. A Theory of fairness, competition, and cooperation [M] //A theory of fairness, competition, and cooperation. University of Munich, Department of Economics, 1999: 817-868.

[9] Kahneman D., Knetsch J. L., Thaler R. Fairness as a constraint on

profit seeking: Entitlements in the market [J]. American Economic Review, 1986, 76 (4): 728-741.

[10] Bolton G. E. A comparative model of bargaining: Theory and evidence [J]. American Economic Review, 1991, 81 (5): 1096-1136.

[11] Rabin M. Incorporating fairness into game theory and economics [J]. American Economic Review, 1993, 83 (5): 1281-1302.

[12] Loch C. H., Wu Y. Social preferences and supply chain performance: An experimental study [J]. Management Science, 2008, 54 (11): 1835-1849.

[13] Ho T. H., Zhang J. Designing pricing contracts for boundedly rational customers: Does the framing of the fixed fee matter [J]. Management Science, 2008, 54 (4): 686-700.

[14] Haitao Cui T., Raju J. S., Zhang Z. J. Fairness and channel coordination [J]. Management Science, 2007, 53 (8): 1303-1314.

[15] Caliskan-Demirag O. Channel coordination under fairness concerns and nonlinear demand [J]. European Journal of Operational Research, 2010, 207 (3): 1321-1326.

[16] Qu D., Han Y. Optimal pricing for dual-channel supply chain with fairness concerned manufacturer [C] //Control and Decision Conference. IEEE, 2013: 1723-1727.

[17] Katok E., Pavlov V. Fairness in supply chain contracts: A laboratory study [J]. Journal of Operations Management, 2013, 31 (3): 129-137.

[18] Pavlov V., Katok E. Fairness and Coordination Failures in Supply Chain Contracts [M]. Social Science Electronic Publishing, 2015.

[19] Li Q. H., Li B. Dual-channel supply chain equilibrium problems regarding retail services and fairness concerns [J]. Applied Mathematical Modelling, 2016, 40 (15-16): 7349-7367.

[20] Zhang F., Ma J. Research on the complex features about a dual-

channel supply chain with a fair caring retailer [J]. Communications in Nonlinear Science & Numerical Simulation, 2016, 30 (1-3): 151-167.

[21] Ma P., Li K. W., Wang Z. J. Pricing decisions in closed - loop supply chains with marketing effort and fairness concerns [J]. International Journal of Production Research, 2017, 55 (2): 1-22.

[22] Zhang T., Wang X. The impact of fairness concern on the three - party supply chain coordination [J]. Industrial Marketing Management, 2018, 73: 99-115.

[23] Rand D. Exotic phenomena in games and duopoly models [J]. Journal of Mathematical Economics, 1978, 5 (2): 173-184.

[24] Chen G. R, Raton B. Controlling chaos and bifurcations in engineering systems [M]. FL: CRC Press, 2000.

[25] Agiza H. N. On the analysis of stability, bifurcation, chaos and chaos control of kopel map [J]. Chaos, Solitons & Fractals, 1999, 10 (11): 1909-1916.

[26] Ott E, Grebogi C., Yorke J A. Controlling chaos [J]. Physical Review Letters, 1990, 64 (11): 1196.

[27] Ditto W. L., Rauseo S. N., Spano M L. Expermental control of chaos [J]. Physical Review Letters, 1990, 65 (26): 3211-3214.

[28] Romeiras F. J., Grebogi C., Ott E. et al. Controlling chaotic dynamical systems [J]. Physical D: Nonlinear Phenomena, 1992, 58 (1-4): 165-192.

[29] Lima R., Pettini M. Suppression of Chaos by Resonant parametric perturbations [J]. Physical Review A, 1990, 41: 726-728.

[30] Braiman Y., Goldhirsch I. Taming chaotic dynamic with weak perturbation [J], Physical Review Letters, 1991, 66 (20): 2545-2548.

[31] Hunt E. R. Stabilizing high - period orbits in chaotic system: the diode resonator [J]. Physical Review Letters, 1991, 67 (15): 1953-1955.

[32] Peng B., Petrov V., Showalter K. Controlling chemical chaos [J],

Journal of Physical Chemistry, 1991, 95: 4957-4963.

[33] Pyragas K. Continuous control of chaos by self-controlling feedback [J]. Physics Letters A, 1992, (170): 421-428.

[34] Pyragas K. Continuous control of chaos by self-controlling feedback [J]. Physics Letters A, 1992, (170): 421-428.

[35] Pyragas K. Experimental control of chaos by delayed self-controlling feedback [J]. Physics Letters A, 1993, 180 (1-2): 99-102.

[36] Chen G. R., Dong X N. On the feedback control of chaotic continuous time systems [J]. IEEE Transactions on System, 1993, 40 (9): 591-601.

[37] Puu T. The chaotic duopolists revisited [J]. Journal of Economic Behavior & Organization, 1998, 33 (3-4): 385-394.

[38] Puu T. Complex dynamics with three oligopolists [J]. Chaos Solitons & Fractals, 1996, 7 (12): 2075-2081.

[39] Agiza H. N., Elsadany A. A. Nonlinear dynamics in the Cournot duopoly game with heterogeneous players [J]. Physica A Statistical Mechanics & Its Applications, 2003, 320 (1-4): 512-524.

[40] Agiza H. N., Elsadany A. A. Chaotic dynamics in nonlinear duopoly game with heterogeneous players [J]. Applied Mathematics & Computation, 2004, 149 (3): 843-860.

[41] Zhang J., Da Q., Wang Y. The dynamics of Bertrand model with bounded rationality [J]. Chaos Solitons & Fractals, 2009, 39 (5): 2048-2055.

[42] Dubiel-Teleszynski T. Complex dynamics in a bertrand duopoly game with heterogeneous players [J]. Central European Journal of Economic Modelling & Econometrics, 2010, 2 (2): 95-116.

[43] Xin B., Chen T. On a master-slave Bertrand game model [J]. Economic Modelling, 2011, 28 (4): 1864-1870.

[44] Elsadany A. A. Dynamics of a delayed duopoly game with bounded

rationality [J]. Mathematical & Computer Modelling, 2010, 52 (9-10): 1479-1489.

[45] Li T., Ma J. The complex dynamics of R&D competition models of three oligarchs with heterogeneous players [J]. Nonlinear Dynamics, 2013, 74 (1-2): 45-54.

[46] Tremblay C. H., Tremblay V. J. The Cournot-Bertrand model and the degree of product differentiation [J]. Economics Letters, 2011, 111 (3): 233-235.

[47] Naimzada A. K., Tramontana F. Dynamic properties of a Cournot-Bertrand duopoly game with differentiated products [J]. Economic Modelling, 2012, 29 (4): 1436-1439.

[48] Ma J., Wang H. Complex Dynamics Analysis for a Cournot-Bertrand Mixed Game Model with Delayed Bounded Rationality [J]. Abstract and Applied Analysis, 2013 (15): 1-18.

[49] Wang H., Ma J. Complexity analysis of a Cournot-Bertrand duopoly game with different expectations [J]. Nonlinear Dynamics, 2014, 78 (4): 2759-2768.

[50] Li T., Ma J. Complexity analysis of the dual-channel supply chain model with delay decision [J]. Nonlinear Dynamics, 2014, 78 (4): 2617-2626.

[51] Li T., Ma J., Sun L. Complexity uncertainty analysis of dynamic in a dual-channel energy supply chain model with heterogeneous retailers [J]. Mathematical Problems in Engineering, 2015 (2): 1-10.

[52] Ma J., Xie L. The comparison and complex analysis on dual-channel supply chain under different channel power structures and uncertain demand [J]. Nonlinear Dynamics, 2016, 83 (3): 1379-1393.

[53] Ma J., Li Q., Bao B. Study on complex advertising and price competition dual-channel supply chain models considering the overconfidence manufacturer [J]. Mathematical Problems in Engineering, 2016, 2016: 1-18.

[54] Ma J., Lou W. Complex characteristics of multichannel household appliance supply chain with the price competition [J]. Complexity, 2017, 2017: 1-12.

[55] Wang Q., Zhao L., Mei Q., et al. Dynamic analysis and chaos control in duopoly bertrand game model [J]. Statistics & Decision, 2017 (21): 38-41.

[56] Elsadany A. A., Awad A. M. Dynamics and chaos control of a duopolistic Bertrand competitions under environmental taxes [J]. 2018, 274 (1-2): 211-240.

[57] Askar S. S. Duopolistic Stackelberg game: investigation of complex dynamics and chaos control [J]. Operational Research, 2018 (1): 1-15.

[58] Fehr E., Schmidt K. M. A theory of fairness, competition, and cooperation [J]. Quarterly Journal of Economics, 1999, 114 (3): 817-868.

[59] Pavlov V., Katok E. Fairness and coordination failures in supply chain contracts [M]. Social Science Electronic Publishing, 2011.

[60] Katok E., Olsen T., Pavlov V. Wholesale pricing under mild and privately known concerns for fairness [J]. Production & Operations Management, 2014, 23 (2): 285-302.

[61] Li Q. H., Li B. Dual-channel supply chain equilibrium problems regarding retail services and fairness concerns [J]. Applied Mathematical Modelling, 2016, 40 (15-16): 7349-7367.

[62] Choi S., Messinger P. R. The role of fairness in competitive supply chain relationships: An experimental study [J]. European Journal of Operational Research, 2016, 251 (3): 798-813.

[63] Hornibrook S., Fearne A., Lazzarin M. Exploring the association between fairness and organisational outcomes in supply chain relationships [J]. International Journal of Retail & Distribution Management, 2009, 20 (9): 790-803.

[64] Feng M., Fry M. J., Raturi A. S., et al. Supply-chain performance anomalies: Fairness concerns under private cost information Author-Name: Qin, Fei [J]. European Journal of Operational Research, 2016, 252 (1): 170-182.

[65] Li B., Hou P. W., Li Q. H. Cooperative advertising in a dual-channel supply chain with a fairness concern of the manufacturer [J]. Ima Journal of Management Mathematics, 2015, 29 (2): 259-277.

[66] Huang Y., Liu L., Qi E. The dynamic decision in risk-averse complementary product manufacturers with corporate social responsibility [J]. Kybernetes, 2016, 45 (2): 244-265.

[67] Huang Y. M., Liu L., Qi E. S. Simulation on the complementary product strategy based on the cournot-bertrand mixed game model [J]. International Journal of Simulation Modelling, 2014, 13 (4): 497-509.

[68] Takahashi K., Aoi T., Hirotani D., et al. Inventory control in a two-echelon dual-channel supply chain with setup of production and delivery [J]. International Journal of Production Economics, 2011, 133 (1): 403-415.

[69] Lu Q., Liu N. Effects of e-commerce channel entry in a two-echelon supply chain: a comparative analysis of single- and dual-channel distribution systems [J]. International Journal of Production Economics, 2015, 165: 100-111.

[70] Cai G. S. Channel selection and coordination in dual-channel supply chains [J]. Journal of Retailing, 2010, 86 (1): 22-36.

[71] Chenand X., Wang X. Free or bundled: channel selection decisions under different power structures [J]. Omega, 53: 11-20.

[72] Liu Z., Xu Q. Collaborative optimal pricing model of dual-channel supply Chain [J]. Open Cybernetics and Systemics Journal, 2015, 9: 775-785.

[73] Gao J., Wang X., Yang Q. Pricing decisions of a dual-channel closed-loop supply chain under uncertain demand of indirect channel [J].

Mathematical Problems in Engineering, 2016, DOI: 10.1155/2016/6053510.

[74] Huang W., Swaminathan J. M. Introduction of a second channel: implications for pricingand profits [J]. European Journal of Operational Research, 2009, 194 (2): 258-279.

[75] Xu G., Dan B., Zhang X., et al. Coordinating a dual-channel supply chain with risk-averse under a two-way revenue sharing contract [J]. International Journal of Production Economics, 2014 (147): 171-179.

[76] Bell D. E., Keeney R. L., Little J. D. C. A market share theorem [J]. Journal of Marketing Research, 1975, 12 (2): 136-141.

[77] Dutta B. K., King W. R. Competitive scenario modeling system [J]. Management Science, 1980, 26 (3): 261-273.

[78] Pavlov V., E. Katok. Fairness and coordination failures in supply chain contracts [J]. SSRN Electronic Journal, 2011, DOI: 10.2139/ssrn.2623821.

[79] Katok E., Olsen T., Pavlov V. Wholesale pricing under mild and privately known concerns for fairness [J]. Production & Operations Management, 2014, 23 (2): 285-302.

[80] Zhang F., Ma J. Research on the complex features about a dual-channel supply chain with a fair caring retailer [J]. Communications in Nonlinear Science and Numerical Simulation, 2016, 30 (1-3): 151-167.

[81] Li Q. H., Li B. Dual-channel supply chain equilibrium problems regarding retail services and fairness concerns [J]. Applied Mathematical Modelling: Simulation and Computation for Engineering and Environmental Systems, 2016, 40 (15-16): 7349-7367.

[82] Wang D. P., Shang Q. Y., Zhang B. Q. Research on the coordination of a dual-channel supply chain considering fairness Concern [C]. Proceedings of the 2017 International Conference on Management Engineering, Software Engineering and Service Sciences, Wuhan, China, 2017: 214-218.

[83] T. Zhang and X. Wang. The impact of fairness concern on the three-party supply chain coordination [J]. Industrial Marketing Management, 2018, 73: 99-115.

[84] Rand D.. Exotic phenomena in games and duopoly models [J]. Journal of Mathematical Economics, 1978, 5 (2): 173-184.

[85] Puu T.. The chaotic duopolists revisited [J]. Journal of Economic Behavior & Organization, 2004, 33 (3-4): 385-394.

[86] Bischi G. I., Mammana C., Gardini L. Multistability and cyclic attractors in duopoly games [J]. Chaos, Solitons & Fractals, 2000, 11 (4): 543-564.

[87] Sun Z., Ma J. Complexity of triopoly price game in Chinese cold rolled steel market [J]. Nonlinear Dynamics, 2012, 67 (3): 2001-2008.

[88] Li T., Ma J. Complexity analysis of the dual-channel supply chain model with delay decision [J]. Nonlinear Dynamics, 2014, 78 (4): 2617-2626.

[89] Ma J., Wang H. Complexity analysis of dynamic non-cooperative game models for closed-loop supply chain with product recovery [J]. Applied Mathematical Modelling: Simulation and Computation for Engineering and Environmental Systems, 2014, 38 (23): 5562-5572.

[90] Li Q., Ma J. Research on price Stackelberg game model with probabilistic selling based on complex system theory [J]. Communications in Nonlinear Science and Numerical Simulation, 2016, 30 (1-3): 387-400.

[91] Huang Y., Liu L., Qi E. The dynamic decision in risk-averse complementary product manufacturers with corporate social responsibility [J]. The International Journal of Cybernetics, Systems and Management Sciences, 2016, 45 (2): 244-265.

[92] Zheng Y., Nian Y., Wang D. Controlling fractional order chaotic systems based on Takagi-Sugeno fuzzy model and adaptive adjustment mechanism

[J]. Physics Letters A, 2010, 375 (2): 125-129.

[93] Matouk A. E., Elsadany A. A., Xin B. Neimark-Sacker bifurcation analysis and complex nonlinear dynamics in a heterogeneous quadropoly game with an isoelastic demand function [J]. Nonlinear Dynamics, 2017, 89 (4): 2533-2552.

[94] Wu R., Van Gorder R. A. Nonlinear dynamics of discrete time multi-level leader-follower games [J]. Applied Mathematics and Computation, 2018, 320: 240-250.

[95] Ma J., Zhang J. Price game and chaos control among three oligarchs with different rationalities in property insurance market [J]. Chaos: An Interdisciplinary Journal of Nonlinear Science, 2012, 22 (4).

[96] Fay S. and Xie J. H. Probabilistic goods: A creative way of selling products and services [J]. Marketing Science, 2008, 27 (4): 674-690.

[97] Cai G. S., Chen Y. J., Wu C. C., et al. Probabilistic selling, channel structure, and supplier competition [J]. Decision sciences, 2013, 44 (2): 267-296.

[98] Cheng Y. L. Vertical product differentiation under demand uncertainty [J]. Economic Modelling, 2014 (36): 51-57.

[99] Fay S., Xie J. H. The Economics of buyer uncertainty: Advance selling vs. probabilistic selling [J]. Marketing Science, 2010, 29 (6): 1040-1057.

[100] Anderson C. K., Xie X. Q. Pricing and market segmentation using opaque selling mechanisms [J]. European Journal of Operational Research, 2014 (233): 263-272.

[101] Xiao Y., Chen J. Evaluating the potential effects from probabilistic selling of similar products [J]. Naval Research Logistics, 2015, 61 (8): 604-620.

[102] Fay S., Xie J., Feng C. The effect of probabilistic selling on the optimal product mix [J]. Journal of Retailing, 2015, 91 (3): 451-467.

[103] Dan H. R., Fay S. A., Xie J. Probabilistic selling vs. markdown selling: Price discrimination and management of demand uncertainty in retailing [J]. International Journal of Research in Marketing, 2014, 31 (2): 147-155.

[104] Wang C., Chen S., Ou S. M. An analysis on probabilistic selling with customer returns [C] //International Conference on Green Informatics. IEEE Computer Society, 2017: 134-140.

[105] Yang G., Liu X., Qin J. Probabilistic selling strategy study based on dynamic evolution game theory [J]. Systems Engineering - Theory & Practice, 2017, 37 (9): 2231-2243.

[106] Zhang Y., Huang A. Q., Cheng T. C. E. Simulating the demand reshaping and substitution effects of probabilistic selling [J]. International Journal of Simulation Modelling, 2016, 15 (4): 699-710.

[107] Li Q., Ma J. Research on price Stackelberg game model with probabilistic selling based on complex system theory [J]. Communications in Nonlinear Science & Numerical Simulation, 2016, 30 (1-3): 387-400.

[108] Zhang Y., Hua G., Wang S., et al. Managing demand uncertainty: Probabilistic selling versus inventory substitution [J]. International Journal of Production Economics, 2018 (196): 56-67.

[109] Syam N., Hess J. D., Yang Y. Can sales uncertainty increase firm profits? [J]. Journal of Marketing Research, 2016, 53 (2): 199-206.

[110] Giri B. C., Bardhan S., Maiti T. Coordinating a three-layer supply chain with uncertain demand and random yield [J]. International Journal of Production Research, 2016 (8): 1-20.

[111] Chen S., Wang X., Wu Y., et al. Pricing policies of a dual-channel supply chain considering channel environmental sustainability [J]. Sustainability, 2017, 9 (3): 382.

[112] Wang L., Song H., Wang Y. Pricing and service decisions of com-

plementary products in a dual-channel supply chain [J]. Computers & Industrial Engineering, 2017, 105: 223-233.

[113] Li B., Zhu M., Jiang Y., et al. Pricing policies of a competitive dual-channel green supply chain [J]. Journal of Cleaner Production, 2016, 112 (20): 2029-2042.

[114] Chen T. H. Effects of the pricing and cooperative advertising policies in a two-echelon dual-channel supply chain [J]. Computers & Industrial Engineering, 2015, 87 (9): 250-259.

[115] Xu J., Qi Q., Bai Q. Coordinating a dual-channel supply chain with price discount contracts under carbon emission capacity regulation [J]. Applied Mathematical Modelling, 2018 (56): 449-468.

[116] Li W., Chen J., Liang G., et al. Money-back guarantee and personalized pricing in a Stackelberg manufacturer's dual-channel supply chain [J]. International Journal of Production Economics, 2018 (197): 84-98.

[117] Zhou Y., Feng J., Wei J., et al. Pricing decisions of a dual-channel supply chain considering supply disruption risk [J]. European Journal of Operational Research, 2018, DOI: 10.1155/2018/6841519.

[118] Zhou Y. W., Guo J., Zhou W. Pricing/service strategies for a dual-channel supply chain with free riding and service-cost sharing [J]. International Journal of Production Economics, 2018 (196): 198-210.

[119] Zhang F., Wang C. Dynamic pricing strategy and coordination in a dual-channel supply chain considering service value [J]. Applied Mathematical Modelling, 2017 (54): 722-742.

[120] Yang X., Peng M., Hu J., et al. Bubbling phenomenon in a discrete economic model for the interaction of demand and supply [J]. Chaos Solitons& Fractals, 2009, 42 (3): 1428-1438.

[121] Chiarella C., Dieci R., He X. Z., et al. An evolutionary CAPM

under heterogeneous beliefs [J]. Annals of Finance, 2013, 9 (2): 185-215.

[122] Ma J., Pu X. The research on Cournot-Bertrand duopoly model with heterogeneous goods and its complex characteristics [J]. Nonlinear Dynamics, 2013, 72 (4): 895-903.

[123] Czyz T., Hauke J.. Entropy in regional analysis [J]. Quaestiones Geographicae, 2015, 34 (4): 69-78.

[124] Dai D., Si F., Wang J. Stability and complexity analysis of a dual-channel closed-loop supply chain with delayed decision under government intervention [J]. Entropy, 2017, 19 (11): 577.

[125] Lou W., Ma J., Zhan X. Bullwhip entropy analysis and chaos control in the supply chain with sales game and consumer returns [J]. Entropy, 2017, 19 (2): 64.

[126] Lukáš L., Hofman J. Operational complexity of supplier-customer systems measured by entropy—case studies [J]. Entropy, 2016, 18 (4): 137.

[127] Zhou R., Liu X., Yu M., et al. Properties of risk measures of generalized entropy in portfolio selection [J]. Entropy, 2017, 19 (12): 657.

[128] Gençay R., Gradojevic N. The tale of two financial crises: An entropic perspective [J]. Entropy, 2017, 19 (6): 244.

[129] Gao B., Wu C., Wu Y., et al. Expected utility and entropy-based decision-making model for large consumers in the smart grid [J]. Entropy, 2015, 17 (10): 6560-6575.

[130] Zou Y., Yu L., He K. Wavelet entropy based analysis and forecasting of crude oil price dynamics [J]. Entropy, 2015, 17 (10): 7167-7184.

[131] Wang H., Ma J. Complexity analysis of a cournot-bertrand duopoly game model with limited information [J]. Discrete Dynamics in Nature and Society, 2013, 2013 (1): 77-80.

[132] Xu W., Ma J. Study on the dynamic model of a duopoly game with

delay in insurance market [J]. Wseas Transactions on Mathematics, 2012, 11 (7): 615-624.

[133] 杜少甫，杜婵，梁樑，等．考虑公平关切的供应链契约与协调 [J]. 管理科学学报，2010，13 (11)：41-48.

[134] 马利军，曾清华，邵新建．幂函数需求模式下具有公平偏好的供应链协调 [J]. 系统工程理论与实践，2013，33 (12)：3009-3019.

[135] 孙玉玲，洪美娜，石岿然．考虑公平关切的鲜活农产品供应链收益共享契约 [J]. 运筹与管理，2015，24 (6)：103-111.

[136] 石松，颜波，石平．考虑公平关切的自主减排低碳供应链决策研究 [J]. 系统工程理论与实践，2016，36 (12)：3079-3091.

[137] 周艳菊，鲍茂景，陈晓红，等．基于公平关切的低碳供应链广告合作——减排成本分担契约与协调 [J]. 中国管理科学，2017，25 (2)：121-129.

[138] 王玉燕，李璟．公平关切下基于网络平台销售、回收的 E-闭环供应链的主导模式研究 [J]. 中国管理科学，2018 (1)：139-151.

[139] 李波，侯棚文，李庆华．考虑供应链成员公平关切的双渠道供应链合作广告策略 [J]. 系统管理学报，2017，26 (3)：562-568.

[140] 裴文江，黄俊，刘文波，等．自适应延迟反馈控制混沌 [J]. 控制理论与应用 . 1999，16 (2)：297-300.

[141] 姚洪兴，徐峰．双寡头有限理性广告竞争博弈模型的复杂性分析 [J]. 系统工程理论与实践，2005，25 (12)：32-37.

[142] 吉伟卓，马军海．发电市场不同决策规则三寡头博弈模型研究 [J]. 系统工程学报，2008，23 (3)：257-263.

[143] 陈芳．寡头垄断电信市场价格博弈模型及其复杂性研究 [D]. 天津：天津大学，2009.

[144] 孙志慧，马军海．我国钢铁市场价格的动态重复博弈模型研究 [J]. 西安电子科技大学学报（社会科学版），2009，19 (4)：43-47.

[145] 马军海，彭靖. 延迟决策对一类寡头博弈模型的影响分析 [J]. 系统工程学报，2010，25（6）：812-817.

[146] 卢亚丽. 具有差异决策规则的产量博弈混沌复杂性研究 [J]. 系统工程学报，2012，27（2）：208-213.

[147] 马军海，吴可菲. 中国啤酒市场的四寡头价格博弈及其延迟决策 [J]. 系统工程学报，2013，28（6）：717-728.

[148] 胡荣，陈圻，王强. 双寡头动态 R&D 竞争的复杂性研究 [J]. 管理工程学报，2011，25（2）：118-123.

[149] 刘琦铀，张成科，宾宁，等. 公平关切及低碳视角下供应链两部定价契约问题研究 [J]. 中国管理科学，2016，24（10）：60-68.

[150] 邢伟，汪寿阳，赵秋红，等. 考虑渠道公平的双渠道供应链均衡策略 [J]. 系统工程理论与实践，2011，31（7）：1249-1256.

[151] 许明辉，胡兵. 考虑零售商公平关切的期权合约研究 [J]. 运筹与管理，2016，25（6）：112-119.

[152] 姚锋敏，滕春贤. 公平关切下零售商主导的闭环供应链决策模型 [J]. 控制与决策，2017，32（1）：117-123.

附　录

1. 零售商的最优反应函数如下：

$$p_a^*=\frac{-c+2v-4v\beta-3c\beta^2+2c\beta^2+4c\beta^2\varphi+(1+\beta)[-1+\beta(2\varphi-1)]p_b}{1+\beta(2\varphi-7)+\beta^2(4\varphi-1)+\beta^n(2\varphi-1)}$$

$$+\frac{\beta[-3-2\beta\varphi(\rho-1)+2\rho\varphi+\beta^2(2\varphi-1)]w_a}{1+\beta(2\varphi-7)+\beta^2(4\varphi-1)+\beta^n(2\varphi-1)}+\frac{(2\beta\varphi-2\beta^2\rho-2\beta\rho\varphi+2\beta^2\rho\varphi)w_b}{1+\beta(2\varphi-7)+\beta^2(4\varphi-1)+\beta^n(2\varphi-1)}$$

$$p_p^*=\frac{-2c+3v+c\beta-3v\beta+v\beta^2+c\beta^n-v\beta^n+c\beta\varphi-2v\beta\varphi-2c\beta^2\varphi-3c\beta^n\varphi+2v\beta^n\varphi+2c\beta^2\varphi^2+2c\beta^n\varphi^2}{1+\beta(2\varphi-7)+\beta^2(4\varphi-1)+\beta^n(2\varphi-1)}$$

$$+\frac{[\beta(4\varphi-2)-2]\ p_b+\ [-1+\rho\varphi+\beta^2(-1+2\varphi)(1+\rho\varphi)+2\beta(1-\varphi-2\rho\varphi+\rho\varphi^2)]w_a}{1+\beta(2\varphi-7)+\beta^2(4\varphi-1)+\beta^n(2\varphi-1)}$$

$$+\frac{(\rho-4\beta\rho-\beta^2\rho-\rho\varphi+6\beta\rho\varphi+3\beta^2\rho\varphi-2\beta\rho\ \varphi^2-2\beta^2\rho\ \varphi^2)w_b}{1+\beta(2\varphi-7)+\beta^2(4\varphi-1)+\beta^n(2\varphi-1)}$$

2. 两个制造商的边际利润如下：

$$\frac{\partial\pi_A}{\partial w_a}=\frac{A_1+A_2p_b-A_nw_a+A_4w_b}{c[1+\beta(2\varphi-1)]\ \ [1+\beta(2\varphi-7)+\beta^n(2\varphi-1)+\beta^2(4\varphi-1)]}$$

$$\frac{\partial\pi_B}{\partial w_b}=\frac{A_5+A_6p_b+A_7w_a+(8\beta\rho-8\beta\rho\varphi)w_b}{c[1+\beta(2\varphi-1)]\ \ [1+\beta(2\varphi-7)+\beta^n(2\varphi-1)+\beta^2(4\varphi-1)]}$$

$$\frac{\partial\pi_B}{\partial p_b}=\frac{A_8-A_9p_b+A_{10}w_a+A_{11}w_b}{c[1+\beta(2\varphi-1)]\ \ [1+\beta(2\varphi-7)+\beta^n(2\varphi-1)+\beta^2(4\varphi-1)]}$$

其中，

$A_1=c-v-3c\beta+v\beta+c\beta^2+v\beta^2+c\beta^n-v\beta^n+3c\beta\varphi-2v\beta\varphi-4c\beta^2\varphi-3c\beta^n\varphi+2v\beta^n\varphi-3c\beta\rho\varphi+4v\beta\rho\varphi+4c\beta^2\rho\varphi-4v\beta^2\rho\varphi-c\beta^n\rho\varphi+2c\beta^2\varphi^2+2c\beta^n\varphi^2-2c\beta^2\rho\varphi^2+2c\beta^n\rho\varphi^2$，

$A_2=\ [1+\beta^n\rho\varphi(-1+2\varphi)+\beta\ (-2+2\varphi-3\rho\varphi)\ +\beta^2\ (1-2\varphi+2\rho\ \varphi^2)]$，

$A_3=4\beta\ \{-1+\rho\varphi+\beta^2\rho\varphi\ (-1+2\varphi)+\beta[1-2\varphi-2\ (-1+\rho)\ \rho\varphi^2]\}$，

$A_4=-\beta\rho+\beta^n\rho+\beta\rho\varphi-2\beta^2\rho\varphi-3\beta^n\rho\varphi+4\beta^2\rho^2\varphi+2\beta^2\rho\varphi^2+2\beta^n\rho\varphi^2-4\beta^2\rho^2\varphi^2$,

$A_5=\beta\rho(\varphi-1)(-3c+4v+4c\beta-4v\beta-c\beta^2-2c\beta\varphi+2c\beta^2\varphi)$,

$A_6=2\beta\rho(\varphi-1)(1+\beta)[-1+\beta(-1+2\varphi)]$,

$A_7=\beta\rho(\varphi-1)(-1+\beta^2-2\beta\varphi-2\beta^2\varphi+4\beta\rho\varphi)$,

$A_8=v-2c\beta-5v\beta+c\beta^2+3v\beta^2+v\beta^n+c\beta^4+c\beta\varphi+2v\beta\varphi-6c\beta^2\varphi-3c\beta^n\varphi-2v\beta^n\varphi-4c\beta^4\varphi+2c\beta^2\varphi^2+6c\beta^n\varphi^2+4c\beta^4\varphi^2$,

$A_9=2[1+\beta^2+\beta(-5+2\varphi)+\beta^n(-1+2\varphi)]$,

$A_{10}=\beta[-1+\rho\varphi+\beta^2(-1+2\varphi)(1+\rho\varphi)+2\beta(1-\varphi-2\rho\varphi+\rho\varphi^2)]$,

$A_{11}=-2\beta\rho-4\beta^2\rho-2\beta^n\rho+2\beta\rho\varphi+8\beta^2\rho\varphi+6\beta^n\rho\varphi-4\beta^2\rho\varphi^2-4\beta^n\rho\varphi^2$。

索　引